VIOLETTA SIMON

ER SAGT | SIE SAGT

Süddeutsche Zeitung Edition

Für Florian

2. Auflage

Projektleitung: Till Brömer, Sabine Sternagel
Gestaltung: Sibylle Schug, Astrid Shemilt
Herstellung: Thekla Licht, Hermann Weixler
Druck und Bindearbeiten: Kösel GmbH & Co. KG, Altusried-Krugzell
Printed in Germany

ISBN: 978-3-86497-312-3
Titelfoto: iStock.com/SZEdition

VIOLETTA SIMON

ER SAGT | SIE SAGT

Süddeutsche Zeitung Edition

„Das habe ich nie gesagt!“ –

„Doch, hast du wohl!“ –

„Habe ich nicht!“

Auf der Bühne des Lebens – Beziehungsalltag in Dialogform

Spätestens seit Loriots Frühstücksei ist klar: Die konfliktfreie Kommunikation zwischen Mann und Frau gehört zu den größten Herausforderungen einer Beziehung. Im Alltag müssen Paare häufig erkennen, dass man sich selbst dann missverstehen kann, wenn man dieselbe Sprache spricht. Und am Ende fragen sich beide: Wie bin ich da jetzt nur wieder hineingeraten?

Wie schwer es ist, da wieder hinauszufinden, kann jeder nachvollziehen, der schon einmal versucht hat, dem Problem mit Logik beizukommen – oder durch überzeugende Worte. Das weiß ich aus eigener Erfahrung und aus Erzählungen von Freunden und Bekannten. Aber auch von den Lesern, die mir jede Woche ihre Anregungen schicken.

Die Dialoge in diesem Buch sind dem realen Beziehungsalltag entnommen. Sie verdeutlichen – manchmal auf witzige und selbstironische, manchmal auf absurde Weise –, warum Männer und Frauen streiten, obwohl sie dasselbe wollen. Und warum sie immer wieder den einen Wortwechsel führen: „Das habe ich nie gesagt!“ – „Doch, hast du wohl!“ – „Habe ich nicht!“. Dahinter steht eine simple Botschaft: Mag sein, dass ich es behauptet habe. Aber gemeint habe ich es anders.

Wenn man sich einmal anschaut, wie unterschiedlich Männer und Frauen vermeintlich harmlose Begriffe wie „Familie“ oder „gesunde Ernährung“ assoziieren, liegt der Verdacht nahe, dass sich zwei Menschen aus verschiedenen Kulturkreisen gegenüberstehen. Nehmen wir das Wort „Kurven“: Für ihn klingt es nach Verheißung. Nach Begehren. Nach Erotik. Für sie nach Körperfett. Nach etwas, das zwischen ihr und der ersehnten Bikinifigur steht. Nach dem Beginn einer entbehrungsreichen Diätphase.

Männer hingegen fühlen sich instinktiv bedroht vom Begriff „Renovierung“, weil dieser körperliche Arbeit, finanziellen Aufwand und nervliche Belastung bedeutet – für weibliche Ohren hingegen nach Veränderung, Möbelkauf, gemeinsamem Projekt klingt. Dieses gemeinsame Projekt wiederum ist dann auch der Auslöser für weitere Missverständnisse. Sagt sie: „Man müsste mal wieder“, meint sie damit nur einen, nämlich: ihn. Willigt er schließlich ein, sich darum zu kümmern, bedeutet das lediglich, dass er es tun wird. Nicht wann.

Doch auch abseits der „Nie machst du“-„immer musst du“-Debatte gibt es unzählige Möglichkeiten, sich allein mit Worten gegenseitig in den Wahnsinn zu treiben. Zu den zentralen Themen einer Beziehung gehört zum Beispiel die Frage, wie groß der Abstand zwischen zwei Matratzen sein darf. Hier geht es mitnichten um Zentimeter – hier geht es um das große Ganze, um das Verhältnis von Nähe und Distanz. Genau wie bei der Frage, warum er immer müde ist, wenn sie Lust hat. Dabei ist die

Antwort so naheliegend: Weil sie immer Lust hat, wenn er müde ist. Am Ende kommt es stets auf die jeweilige Perspektive der beiden Personen an. Nur bei der Frage, wer besser Auto fährt, ist die Antwort unumstritten: immer der Beifahrer, klar.

Die folgenden Geschichten sollen nicht nur unterhaltsame Dialoge liefern. Sie können auch Lösungen zeigen. Zum Beispiel, dass es möglich ist, die Sache mit Humor zu nehmen. Selbst wenn die Beteiligten die Angelegenheit bierernst nehmen – einer kann dabei sicher lachen: Sie als Leser. Nicht zuletzt deshalb, weil Ihnen viele der Situationen ziemlich bekannt vorkommen dürften.

Und sollten Sie das Gefühl haben, in einem Theaterstück gelandet zu sein – umso besser. Betreten Sie gemeinsam mit Ihrem Partner die Bühne des Lebens, lesen Sie sich die Dialoge gegenseitig laut vor und lassen Sie dem Beziehungsdrama seinen Lauf. Sie werden sehen, es macht mindestens so viel Spaß wie im echten Leben!

Violetta Simon

Auf den ersten Blick weiß ich manchmal selbst nicht mehr, wo bei mir vorne und hinten ist.

Nacktmull oder Grüffelo

Er spielt mit dem Gedanken, sich von seinen Rückenhaaren zu trennen. Doch auf ihn wartet eine Tortur, die nur echte Kerle – und Frauen – auf sich nehmen.

Er, Handtuch um die Hüfte, blättert in einem Magazin. Die aufgeschlagene Seite zeigt Werbung für einen Herrenduft, makellose Männerkörper winden sich um eine überdimensionale Parfumflasche.

Sie *(setzt sich neben ihn und beginnt seine Rückenhaare zu kraulen):* Na, was liest du da Schönes?

Er: Ach, nix Besonderes.

Ihr Blick fällt auf die Werbung, wandert kurz auf seinen komplett behaarten Oberkörper und wieder zurück zu den halbnackten Models.

Er: Was ist, warum guckst du so?

Sie: Weil du so guckst, auf diese Werbekampagne – und zwar seit ungefähr drei Minuten. Seit wann interessierst du dich für Männer?

Er: Ich sehe mir nur ihre Körper an. Ich frage mich, ob ich das auch machen sollte.

Sie: Du willst Model werden? Also ich weiß nicht …

Er: Quatsch, ich rede von Haaren. Nirgends eines zu sehen, kein einziges: Beine, Bauch, Brust, Rücken – alles glatt wie ein

Babypopo. Was hältst du davon?
Sie: Hm. Eigentlich mag ich deinen Flaum.
Er: Dir gefällt das wirklich?
Sie: Aber ja! Er lässt sich so schön kraulen. Sogar auf dem Rücken. Wie ein Bär.
Er: Ich bitte dich, lass das. Ich fühle mich gerade wie der Grüffelo aus dem Kinderbuch meiner kleinen Nichte.
Sie: Der Grüffelo ist ein echt guter Typ. Und ein netter Kerl, genau wie du.
Er: Und dass sich meine Brust- und die Rückenhaare auf den Schultern begrüßen, macht dir nichts aus?
Sie: Du hast eben viele männliche Hormone. Das darf man ruhig sehen.
Er: Ich finde, so viele Hormone braucht kein Mensch mehr heutzutage. Schau mich an: Ich verdiene mein Geld am Schreibtisch, aber ich sehe aus, als würde ich von dem leben, was ich in meine Höhle schleppe. Auf den ersten Blick weiß ich manchmal selbst nicht mehr, wo bei mir vorne und hinten ist.
Sie: Wenn es dich so stört, solltest du etwas dagegen tun.
Er: Da gibt es nur ein Problem, ein winziges: Ich habe keine so tollen Brustmuskeln wie die da, und auch kein Sixpack. Womöglich sehe ich ohne Behaarung ja aus wie ein Nacktmull! Ist das besser als ein Grüffelo?
Sie: Warum probierst du es nicht einfach aus? Jetzt im Sommer muss es ohnehin schrecklich heiß sein unter all diesen Haaren. Wenn du willst, machen wir es gleich.
Er *(wedelt mit seinem Zeigefinger vor seiner Brust und hinter seine Schulter):* Du meinst, ich soll mir das einfach alles abrasieren?

Sie: Aber nein – das reißt man aus.

Er *(zieht die Augenbrauen hoch):* Ausreißen? Etwa jedes Haar einzeln? Mit der Pinzette?

Sie: Mit Wachs. Da erwischt man mit einem RATSCH ganz viele auf einmal.

Er: Wer tut denn so etwas ???

Sie: Na, sehr viele Männer! Was glaubst du, was die da *(zeigt auf die Werbekampagne)* auf sich nehmen, um so auszusehen?

Er: Ich dachte, die kämen so auf die Welt. Nein, im Ernst: So etwas könnte ich nie tun.

Sie: Verstehe. Ist vielleicht auch besser so. Du bist ja nicht wirklich belastbar, wenn es um Schmerzen geht.

Er: Wovon sprichst du? Natürlich bin ich belastbar! Los, hol das Wachs!

Sie: Wenn du meinst ...

Sie holt das Wachs, erhitzt es und rollt die Baumwollstreifen aus.

Sie: Bist du sicher, dass du das willst?

Er: Ach Gottchen, so schlimm wird's schon nicht werden.

Sie: Soll ich in der Mitte beginnen oder lieber erst einmal auf einer Seite, damit du einen Vorher-Nachher-Vergleich hast?

Er: Am besten links, das ist meine Schokoladenseite. Ich habe das Gefühl, da bin ich einen Hauch definierter.

Sie bestreicht die linke Außenseite seines Rückens mit dem erwärmten Wachs und drückt einen Baumwollstreifen fest.

Sie: Bist du bereit?

Er: Und ob ich bereit bin. Jetzt werde ich dir beweisen, was ein echter Kerl ist.

Sie: Es ist ok, wenn du schreist ...

Er: Keine Sorge, du wirst nicht einen Mucks von mir hören!
Mit einem beherzten Ruck reißt sie den Stoffstreifen gegen die Wuchsrichtung von seiner Haut.
Er *(lässt einen markerschütternden Schrei los und springt auf):* Bist du wahnsinnig?
Sie: Das gehört so – die Haare gehen sonst nicht raus.
Er: Mein Gott, ich kann nicht glauben, dass du das getan hast!
Sie: Es tut mir leid, wir können aufhören, wenn du willst.
Er: Kommt nicht in Frage, wir ziehen das jetzt durch.
Sie: Wie du willst. *Sie wiederholt den Vorgang.*
Er *(springt wieder schreiend auf):* Warum tust du mir das an? Vor allem: Warum tue ich mir das an?
Sie: Es tut mir leid, echt! Ich hab ja gesagt, lassen wir's.
Er: Ich brauch 'ne Pause. Drei Tage, mindestens.
Sie: Allerdings ist dein Rücken nun zur Hälfte behaart. Willst du wirklich so bleiben?
Er: Oh ja. Genau so. Für immer und ewig. Und an der Brust und den Beinen auch.
Sie: Immerhin bist du nun unverwechselbar. Und ich habe, je nach Stimmung, mal etwas zum Anschauen und mal etwas zum Kraulen: links Nacktmull, rechts Grüffelo.

Musst du jedem deine Brüste zeigen?

Sie hat ein tiefenentspanntes Verhältnis zu ihrem Körper. Er hält sich lieber bedeckt – und steht am Ende entblößt da.

Es ist Sommer, der erste heiße Tag. Ein Badesee. Er rollt die Decke aus. Sie zieht sich komplett aus und ein Badehöschen an.

Er: Muss das sein, dass du dich so zeigst?

Sie: Geht das schon wieder los. Es ist doch nichts dabei!

Er: Sagst du! Ich gehe mich mal umziehen.

Sie: Viel Glück.

Er hält Ausschau nach einer Umkleidekabine, läuft suchend über die Wiese, wird aber nicht fündig. Als er zurückkehrt, liegt sie oben ohne auf der Decke.

Er: Und wenn jemand vorbeikommt, den wir kennen? Ein Kollege zum Beispiel?

Sie: Na und, glaubst du, der hat noch nie Brüste gesehen?

Er: Jedenfalls nicht deine, hoffe ich. Geht es denn nicht auch mal ohne oben ohne?

Sie: Unglaublich, wie verklemmt du bist. Aber eigentlich kein Wunder – bei der Familie.

Er: ... sagt die Frau, die als Kind sämtliche Ferien in Nudisten-Camps verbracht hat. Was bitteschön stimmt an meiner Familie nicht? Dass ich mir nicht bei jeder Gelegenheit die Klamotten vom Leib reiße?

Sie: Jetzt übertreib mal nicht – ich bin schließlich keine Exhibitionistin! Wir sind hier am Badesee und nicht in der Fußgängerzone.
Er: Trotzdem kann meine Familie nichts dafür, dass du jedem deine Brüste zeigen musst.
Sie: Aber dafür, dass du damit ein Problem hast, sehr wohl. Wenn ich nur an den Urlaub mit deinen Eltern denke. Ein einziger Albtraum!
Er: Hätten wir lieber mit deinen Eltern zum FKK-Camping nach Amrum fahren sollen? Wer bitteschön hat solche Fotoalben? Deine Mutter und dein Vater sind auf sämtlichen Urlaubsbildern nackt zu sehen: beim Schachspielen, auf dem Fahrrad und im Supermarkt. So was kann man doch niemandem zeigen!
Sie: Eure Fotos aber auch nicht. Deine Mutter sieht im Badeanzug aus, als hätte Christo persönlich sie eingewickelt. Und dein Vater ist zum Umziehen jedes Mal bis zum Hals unter diesem monströsen Frottee-Überwurf mit Blümchenmuster verschwunden. Das Ding ist aus den Siebzigern, mindestens!
Er: Das Ding ist eine textile Strandkabine.
Sie: Dein Vater sah darin aus wie ein Strandgeist. So kann man vielleicht Kinder erschrecken, aber doch nicht unter Menschen gehen!
Er: Ach. Man darf sich also aller Welt splitternackt präsentieren – aber auf keinen Fall im Frotteeumhang?
Sie: Ich bin nicht splitternackt. Ich habe nur ein entspanntes Verhältnis zu meinem Körper. Würde dir auch nicht schaden.
Er: Aber das habe ich doch. Ich bin die personifizierte

Entspannung! Ich bin dermaßen entspannt, dass ich mich nun vor deinen Augen umziehen werde.

Sie: Oh! Da bin ich aber neugierig.

Er wickelt sich ein Handtuch um die Hüften, knotet die Enden gewissenhaft ineinander. Dann schlüpft er mit den Händen unter den Stoff und tastet umständlich nach dem oberen Ende der Hose.

Sie: Das nennst du entspannt?

Er: Sei still, ich muss mich konzentrieren.

Er versucht die Hose zu erwischen und nach unten zu ziehen.
Das Handtuch beginnt sich zu lösen.

Sie: Mein Gott, jetzt mach endlich. Dir guckt schon keiner was weg.

Er: Ein bisschen mehr als bei dir gibt es da schon zu sehen.

Vorsichtig zieht er die Hosenbeine nach unten. Dann angelt er nach seiner Badehose und versucht, hineinzuschlüpfen. Beim Versuch, das Gleichgewicht zu halten, beginnt er auf einem Bein zu hüpfen.

Sie: Was wird das, ein Rumpelstilzchen-Tanz?

Er: Musst du so laut reden? Die Leute schauen schon.

Sie: Ich würde auch schauen, wenn ich einen wie dich sehe. Auffälliger geht's ja kaum mehr. Du wirst noch umfallen, wenn du so weitermachst.

Auf einem Bein hüpfend, sich das Handtuch mit den Ellbogen an den Leib pressend, versucht er, mit dem anderen Bein in die Badehose zu steigen. Schließlich verheddert er sich, verliert das Gleichgewicht und plumpst der Länge nach vor ihre Füße – nackt. Pfiffe und fröhliches Gejohle von den Umliegenden.

Sie: Ich hab's dir gesagt.

Er *(bedeckt sich notdürftig mit dem Handtuch):* Das ist so entwürdigend. Mit der Strandkabine meines Vaters wäre mir das nicht passiert.

Sie: Was willst du, die Menge ist begeistert, sie jubeln dir zu! Jetzt mal unter uns: Das ist mir oben ohne noch nie gelungen.

Sie spielen unseren Song. Komm Tanzen! – Ich tanze nie.

Ausgetanzt

Sie amüsiert sich prima, er kein bisschen. Warum verlässt er die Party nicht und geht allein nach Hause? Weil er eine bessere Idee hat.

Sie unterhält sich angeregt mit ein paar Leuten, wippt zur Musik, schlürft einen Cocktail aus einem sehr großen Glas. Er steht missmutig daneben und nippt an einer Cola.

Er: Wie sieht's aus, ich würde dann allmählich gern gehen.

Sie *(sieht ihn fassungslos an und nimmt ihn rasch beiseite):* Wie bitte, jetzt schon? Wir sind doch gerade erst angekommen!

Er: „Gerade erst" war vor dreieinhalb Stunden.

Sie: Aber es ist noch früh, kurz nach Mitternacht!

Er: Bei uns zuhause schläfst du immer um halb elf auf der Couch ein.

Sie: Bei uns zuhause ist die Stimmung in der Regel auch nicht so ausgelassen.

Er: Was willst du damit andeuten, passt dir vielleicht irgendetwas an unserer Wohnzimmer-Atmosphäre nicht? Findest du es nicht aufregend genug mit mir?

Sie: Oh bitte, können wir das ein andermal besprechen? Warum gehst du nicht schon mal heim? Ich komm dann einfach später nach.

Er: Also wirklich, wie sieht das denn aus, wenn ich jetzt gehe –

als würde ich mich langweilen!

Sie *(verdreht die Augen):* Was du ja nicht tust.

Er: Was jedenfalls niemanden etwas angeht.

Sie: Oh, hörst du das? Sie spielen unseren Song. Komm Tanzen!

Er: Du weißt doch genau, dass ich nicht tanze. Ich tanze nie.

Sie: Ich weiß, dass du nicht tanzt. Ich verstehe nur nicht, warum.

Er: Das habe ich dir doch schon tausendmal erklärt: weil ich es nicht kann.

Sie: Jeder kann tanzen, da ist doch nichts dabei!

Er: Ich habe aber keine Lust, zu tanzen wie jeder, nur damit ich auch dabei bin.

Sie: Quatsch. Natürlich hast du Lust.

Er: Kein bisschen. Kannst du mir glauben.

Sie: Unfassbar, was für 'ne Spaßbremse du bist!

Er: Ich geh dann mal. Aufs Klo.

Sie: Wie du willst, tanze ich eben allein.

Sie verschwindet auf die Tanzfläche. Nach einem durchtanzten Medley aus „I will survive", „It's raining men", „Y.M.C.A.", „Stayin' Alive" und „Dancing Queen!" schält sie sich aus der Menschenmenge und hält Ausschau nach ihm. Sie entdeckt ihn in einer Ecke, allein, mit Schräglage an einen Servierwagen mit Schnapsflaschen gelehnt.

Sie: Sag mal, was machst du denn da? Ich habe dich überall gesucht.

Er: Ich trinke mich durch die Bar. Was dagegen?

Sie: Nicht zu fassen. Kannst du dich nicht einfach amüsieren wie jeder andere auch?

Er: Du meinst, mit fremden Menschen über meine Verdauung sprechen wie dein Freund Dieter? Oder die halbwüchsigen Töchter des Gastgebers anmachen wie dieser Heini mit dem aufgestellten Polohemdkragen? Oder mich gemeinsam mit dir auf der Tanzfläche zum Horst machen?

Sie: Dass du immer so negativ sein musst.

Er: Ich bin nicht negativ. Ich bin genervt. Und sehr, sehr müde. Also, was ist – kommst du?

Sie: Gleich. Sagen wir: noch fünf Minuten!

Sie *(nach fünf Minuten):* ... nur noch das eine Lied!

Sie *(nach dem einen Lied):* .... muss schnell noch Sabine Tschüss sagen!

Sie *(nach drei Abschiedsküsschen):* Da fällt mir ein, ich habe ja noch gar nicht von der Guacamole probiert!

Sie *(auf dem Weg aus der Küche):* ... Moment, ich finde meine Handtasche nicht!

Sie *(kommt mit Mantel und Handtasche überm Arm auf ihn zu):* Oh, hörst du das? Komm Tanzen!

Er *(brüllt):* Ich - will - nicht - tanzen - ich - will - endlich - nach - Hause!

Sie *(zieht ihn hinter sich her auf die Tanzfläche):* Ich gehe hier erst weg, wenn du mit mir getanzt hast.

Er: Da bist du dir ganz sicher?

Sie: Todsicher.

Er: Also gut, wenn du darauf bestehst.

Er beginnt, mit geschlossenen Augen im Takt der Musik herumzueiern, vollführt wüste Verrenkungen, unterbrochen von spastischen Zuckungen. Die ersten Gäste nehmen Abstand und beobachten ihn amüsiert, ein Kreis bildet sich. Schließlich krönt er seine Darbietung mit einer Pirouette, verliert das Gleichgewicht und taumelt in eine Gruppe junger Frauen, die kreischend auseinanderstieben. Er sackt zu Boden, senkt den Kopf und breitet die Arme aus, als würde er Beifall erwarten.

Sie *(kniet sich zu ihm und zischt in sein Ohr):* Was zum Teufel tust du da?

Er: Ich hatte dich gewarnt.

Sie: Ich hatte ja keine Ahnung, dass es so schlimm werden würde. Das ist grauenvoll, völlig absurd!

Er: Ich weiß. Als ob Pina Bausch bekifft einen Schamanen-Tanz aufführt.

Sie: Ok, du hast gewonnen. Lass uns von hier verschwinden. Sofort!

Er: Wenn du unbedingt willst.

Sie: Und ob ich das will.

Er *(dreht sich noch einmal um, bevor er aus der Tür verschwindet und winkt den fassungslosen Gästen zu):* Wirklich, zu schade. Ich hätte noch ewig so weitertanzen können! Aber was soll man machen, wenn die Frau immer so schnell müde wird ...

Ich wusste nicht, dass du selbst vor einem
virtuellen Kleiderschrank kollabieren kannst.

Was hast du an? – Den Fernseher

Sex am Telefon: in Fernbeziehungen durchaus einen Versuch wert – der erotische Dialog lässt viel Raum für Fantasie. Aber auch für Missverständnisse.

Er liegt auf dem Bett, den Laptop auf dem Schoß, im Hintergrund läuft der Fernseher. Sie ruft an.

Sie: Hallo, Schatz.

Er: Hallo! Na, noch wach?

Sie: Ja. Kannst du auch nicht schlafen?

Er: Nein. Und, vermisst du mich?

Sie: Und wie. Ich wünschte, du wärst hier. *(Schmaucht in den Hörer:)* Und ich wünschte, dass noch was laufen würde.

Er: Immerhin läuft gerade „Criminal Minds", besser als nichts, oder?

Sie: Sehr witzig. Komm schon, verrate mir: Was hast du gerade an?

Er: Ehrlich gesagt beides: Laptop und Fernseher.

Sie: Sag mal, machst du dich über mich lustig? Ich wollte wissen: was trägst du gerade?

Er: Ein T-Shirt. Und meine Jogginghose, allerdings die schöne. Wieso?

Sie: Na toll. Und darunter?

Er: Was soll das werden?

Sie: Ich versuche gerade, dich zu verführen.

Er: Am Telefon?

Sie: Eine andere Wahl haben wir nicht. Wie es aussieht, sehen wir uns erst wieder übernächstes Wochenende. Also, sag schon: Was trägst du darunter?

Er: Naja, eine Unterhose halt.

Sie: Also so geht das nicht. Wie sollen wir in Stimmung kommen, wenn du nicht mitmachst?

Er: Und was willst du jetzt von mir hören?

Sie: Du könntest zum Beispiel sagen, dass du nichts darunter trägst. Oder völlig nackt bist.

Er: Aber das stimmt nicht.

Sie: Darum geht es doch gar nicht – es geht um Fantasie! Nackte Haut; Körper, die sich aneinanderreiben; Schweißperlen, erigierte wasweißichnochalles ...

Er: Also mit Schweiß kann ich dienen.

Sie: Ich habe den Eindruck, du willst mich nicht verstehen. Schon mal etwas von Verbalerotik gehört?

Er: Vielleicht ist es dir entgangen, aber ich bin männlich, größtenteils behaart und habe einen leichten Bauchansatz. Vor allem aber bin ich: keine professionelle Telefonsex-Mieze.

Sie: Kannst du dir nicht wenigstens ein bisschen Mühe geben?

Er: Ich finde, du hast eindeutig mehr Talent, wenn es darum geht, etwas schön zu reden.

Sie: Wie meinst du das jetzt wieder?

Er: Vergiss es. Sag mal, warum fängst du nicht einfach mit dem Verbalerotik-Zeugs an?

Sie: Also gut: Ich liege auf meinem Bett und trage ein rotes langes

Kleid, das bis zur Hüfte ...

Er: Rotes Kleid, sagst du? Kenne ich noch gar nicht, hast du das neu?

Sie: Das ist doch jetzt egal, Herrgott nochmal!

Er: Ups! Siehst du, ich kann noch nicht einmal professionell zuhören. Sogar am Telefon bin ich 'ne Niete im Bett.

Sie: Das wird schon noch. Also, wo war ich gerade? Genau, das Kleid: Ich trage ein rotes ... oder vielleicht doch lieber ein kurzes? Ich hab's! Ich nehme den Bleistiftrock und die Bluse mit den Druckknöpfen. Obwohl ... ich könnte natürlich auch einfach nur in Unterwäsche. Puh, was meinst du?

Er: Faszinierend. Ich wusste nicht, dass du selbst vor einem virtuellen Kleiderschrank kollabieren kannst.

Sie: So. Nun hast du's geschafft. Jetzt bin ich nicht mehr in Stimmung.

Er: Weißt du was, ich denke, das üben wir noch mal. In Ruhe. Jeder für sich.

Sie: Wenn du meinst, dass es hilft.

Am nächsten Tag nimmt er seinen ganzen Mut zusammen und spricht ihr auf den Anrufbeantworter.

Er: Äh ... ja, hallo! Wenn du das hörst, werde ich bereits in meinem Bett auf dich warten. Also hier, bei mir, in Frankfurt. Du kannst schon mal anfangen, dich auszuziehen. Dann gehst du ins Schlafzimmer. Ach nein, halt! Erst in die Küche. Hol den Honig aus dem Lebensmittelschrank – du weißt schon, den flüssigen in der Spenderflasche, nicht den im Glas. Dann gehst du ins Bett. Ich warte dort auf dich. Also im übertragenen Sinne, du weißt schon.

Und: Ruf mich zurück – sofort! Du wirst dich wundern, was ich alles mit dir anstellen werde! Grroar!

Nichts tut sich, das Telefon schweigt. Also versucht er es erneut.
Er: Wo zum Teufel bist du, ich liege hier seit zwei Stunden, der Honig verklebt meine Brusthaare. Wie geht's jetzt weiter?
Endlich läutet sein Telefon, sie klingt aufgelöst.
Sie: Entschuldige bitte, ich muss erst mal meine Mutter beruhigen. Sie stand neben mir, als ich den Anrufbeantworter abgehört habe. Sie glaubt, ich werde von einem wahnsinnigen Stalker bedroht. Ich melde mich, sobald ich sie wieder los bin, ja? Tschüss!
Nach einigen Sekunden klingelt es erneut: Ich bin's noch mal. Ich wollte nur sagen: Das mit dem Honig klingt super, bleib genau so, ich beeile mich!

Und, haben wir uns entschieden? –
Ich schon. Du nicht.

Lassen wir es lieber gleich

Eigentlich könnten sie längst heiraten – findet er. Wenn es nur nicht so viel zu entscheiden gäbe – findet sie. Ein Beziehungsdrama in Dialogform.

Er kommt nach Hause und bleibt verwirrt vor der Kommode stehen – dort, wo er sonst immer seine Sachen ablegt, türmen sich Zeitschriften mit Frauen in weißen Gewändern und Blumenkränzen im Haar.

Er: Täuscht mich mein Eindruck oder ist der Stapel mit den Hochzeitsmagazinen zu einem Berg angewachsen?

Sie: Ich weiß auch nicht, irgendwie kam immer wieder eins dazu. Aber je mehr ich übers Heiraten lese, desto mehr bekomme ich das Gefühl, dass wir zu wenig darüber wissen. Worum man sich kümmern muss. Was man für eine Hochzeit so alles braucht.

Er: Immerhin haben wir uns – und einen Termin haben wir auch.

Sie: Machst du Witze? Irgendwann im August ist doch kein Termin! Bevor wir uns entscheiden, sollten wir allerdings erst einmal klären, wo wir feiern wollen – und ob die Location an dem Tag noch frei ist.

Er: Und woran hattest du gedacht? Ich fände ja unsere Lieblingskneipe nicht schlecht.

Sie: Ein bisschen außergewöhnlicher könnte es schon sein. Marion hat damals auf einem Segelschiff gefeiert, weißt du noch?

Und Norbert auf einer mobilen Alm.

Er: Alm ist gut! Das Ding wurde innerhalb von drei Stunden aus Spanplatten zusammengesteckt, die Heuballen waren aufblasbar und das Bier kam in Plastikbechern. Wie wäre es mit der Scheune meiner Großmutter? Die ist authentisch und an dem Tag auch sicher nicht besetzt.

Sie: Warum nicht gleich in der Garage deiner Eltern? Ich hatte eigentlich eher an etwas Festliches gedacht. Mit Kristall-Lüstern. Und natürlich einem Haufen Blumen. Ich hätte ja wahnsinnig gerne blaue Lilien. Oder Pfingstrosen.

Er: Seit wann sind Lilien blau? Und seit wann gibt es im August Pfingstrosen?

Sie: Das ist mir egal! Ich heirate nur einmal, da muss sich der Florist eben etwas bemühen.

Er: Welcher Florist?

Sie: Na der, den ich beauftragen werde. So etwas braucht man. Stand in einer der Zeitschriften.

Er: Ich glaube, du solltest nicht mehr so viel in diesen Hochzeitsmagazinen schmökern.

Sie: Aber die sind wichtig! Wir haben ja noch nicht einmal die Einladungen gestaltet.

Er: Wozu, wir müssen erst einmal klären, wer überhaupt kommen soll.

Sie: Also diesen Komasäufer Jens und seine Melanie will ich nicht dabeihaben.

Er: Das können wir nicht machen! Jens hat uns die komplette Küche eingebaut.

Sie: Aber dann dürfen Martina und Götz auch kommen.

Er: Wenn es unbedingt sein muss. Und nur, wenn sie ganz weit weg sitzen. Ihre Hyänen-Lache ertrag ich nicht.
Sie: Oh Gott, wir brauchen ja auch noch Tischkärtchen. Oder sollen wir lieber Kiesel beschriften?
Er: Erst einmal brauchen wir etwas zu essen.
Sie: Stimmt, ein Cateringservice muss her. Wollen wir asiatisch, bürgerlich oder mediterran? Fleisch, vegetarisch oder vegan? Und dann müssen wir noch klären, wer gegen was allergisch ist.
Er: Ich dachte eigentlich, wir machen ein ganz normales Buffet. Meine Mutter kann uns sicher helfen.
Sie: Von wegen! Glaubst du, ich stelle mich tagelang in die Küche? Ganz sicher nicht. Ich will eine richtige Hochzeit mit allem Pipapo. Inklusive Hochzeitswalzer.
Er: Das willst du nicht, glaub mir. Jedenfalls nicht, bevor ich einen Tanzkurs gemacht habe. Und eins sag ich dir außerdem gleich: Ich werde auf keinen Fall einen Baum durchsägen. Oder mich sonst irgendwie zum Affen machen.
Sie: Apropos Affe: Wenn dein Onkel wieder versucht, den Alleinunterhalter zu spielen, gehe ich ihm an die Gurgel. Ich will einen richtigen DJ!
Er: Was soll ich denn machen – du weißt doch, wie gern Heinz bei Familienfeiern seine Bauchredner-Nummer zum Besten gibt.
Sie: Entschuldige mal, er spricht mit einer Socke – mit aufgenähten Knöpfen! Aber nicht auf meiner Hochzeit! Sicher nicht!
Er: Darf ich dich daran erinnern, dass das auch meine Hochzeit ist?
Sie: Und darf ich dich daran erinnern, dass wir noch nicht einmal

Trauringe haben? Hast du inzwischen mit der Goldschmiedin gesprochen?

Er: Nein, wir wollten erst noch entscheiden, ob wir glänzendes oder mattes Gold nehmen.

Sie: Und, haben wir uns entschieden?

Er: Ich schon. Du nicht.

Sie: Ich weiß ja noch nicht einmal, ob mein Kleid schulterfrei sein soll oder ob ich eine Schleppe will.

Er: Sagtest du nicht, du willst in dem Kleid heiraten, das du zur Hochzeit deiner Schwester anhattest?

Sie: Da hatte ich noch keine Ahnung, was für Wahnsinns-Fummel man als Braut tragen kann. Was ist mit dir, was ziehst du an?

Er: Ich dachte da an einen Anzug.

Sie: Ach, wirklich. Sehr extravagant.

Er: Ich kann natürlich auch die Hosenbeine abschneiden. Und pinke Socken und Sneakers dazu tragen.

Sie: Nein, kannst du nicht! Meinetwegen auf dem Junggesellenabschied mit deinen Kumpels, aber nicht auf meiner ... unserer Hochzeit!

Er: Dann machen wir am Tag zuvor also keinen Polterabend, sondern betrinken uns getrennt?

Sie: Puh. Keine Ahnung, was so üblich ist. Das müsste ich erst mal nachschlagen. Immer diese Entscheidungen.

Er: Ich glaube, mir wird das allmählich zu viel.

Sie: Du willst jetzt aber keinen Rückzieher machen, oder?

Er: Nicht doch! Aber vielleicht können wir beide einfach ein bisschen so weitermachen wie bisher? Noch haben wir ja niemanden eingeladen.

Sie: Und wenn wir einfach noch mal von vorn anfangen? Zum Beispiel beim Antrag, so in der Art: Willst du mein Mann werden?

Er: Ja, will ich. Aber nur, wenn Onkel Heinz und seine Socke auftreten dürfen!

Sie: Also nie!

Das Intimste, über das wir sprechen, ist die Frage, wer das letzte Klopapier verbraucht hat.

Essen wann?

Sie ordert per SMS Einkäufe, statt ihrem Liebsten Küsse zu senden. Er fürchtet um die Partnerschaft: Wenn aus Liebesgeflüster eine Haushaltsdebatte wird.

Er scrollt durch alte Liebesbotschaften, die er vor einigen Jahren von ihr erhalten hat. Schmunzelt, hält sich die Hand an den Mund, schüttelt den Kopf. Gerade will er sein Handy wieder einstecken, da piept es. Auf seinem Display erscheint eine Nachricht: „Wenn du beim Baumarkt vorbeikommst, bring Rasensamen mit. Dringend!“

Er *(tippt in sein Handy):* Sehr wohl, Madame. Darf's sonst noch etwas sein?

Sie: ???

Er: Ein Bitte wäre nett gewesen.

Sie: BITTE!!!

Sie treffen sich zuhause. Er lässt den Sack mit den Rasensamen in der Küche zu Boden sinken und sich auf den Stuhl.

Er: Unsere Kommunikation ist an einem Tiefpunkt angelangt.

Sie *(füllt einen Topf mit Wasser und setzt ihn auf den Herd):* Wie meinst du das?

Er: Früher hast du mir Nachrichten geschickt, um mir deine Liebe zu versichern. Heute meldest du dich nur noch, wenn du willst, dass ich etwas erledige.

Sie: Aber über meine Liebe zu dir muss ich dir heute doch nichts mehr erzählen – das ist ja wohl eine klare Sache. *(Sie öffnet und schließt Schubladen und Schranktüren.)* Sag mal, hast du die Käsereibe gesehen?

Er: Genau das meine ich: Unsere Gespräche drehen sich nur noch um Küchengeräte und Gartenbedarf. Das Intimste, über das wir sprechen, ist die Frage, wer das letzte Klopapier verbraucht hat.

Sie: Kannst du mir mal das Tomatenmesser reichen?

Er *(wedelt mit dem Messer vor ihrer Nase herum und richtet es dann mit dramatischer Geste auf sie):* Siehst du? Aus unserem Liebesgeflüster ist eine Haushaltsdebatte geworden!

Sie *(wäscht Salat, schneidet Tomaten):* Liebesgeflüster? Haushaltsdebatte? Ich verstehe kein Wort.

Er: Was ich dir sagen will, ist: Wenn ich mir die Entwicklung unserer Kommunikation so ansehe, dann fürchte ich um den Zustand unserer Beziehung.

Sie: Du übertreibst mal wieder.

Er: Ich werde es dir beweisen! *(Er sucht nach alten SMS und WhatsApp-Nachrichten.)* Hier zum Beispiel! 18. Dezember, 22:30 Uhr: „Fühle mich wie auf Wolken. Ich liebe, liebe, liebe Dich! Deine S."; 18. Dezember, 22:40 Uhr: „Vermisse DICH! Für immer Deine S."; 18. Dezember, 22:50 Uhr: „Willdichspüren!!! In Liebe, S." – Na, was sagst du dazu? So hast du früher mit mir gesprochen!

Sie: Das war ich nicht. Das war die automatische Wortvervollständigung.

Er: Und ob du das warst, und zwar innerhalb von 20 Minuten!

Sie: Mag sein, aber ich war damals frisch verliebt. In so einem Zustand ist man nicht zurechnungsfähig.

Er: Und wenn schon! Oh Mann, das waren noch Zeiten. Wir hüllten unsere Gefühle in Wolken aus Metaphern, konnten gar nicht genug kriegen von den Worten des anderen.
Sie: Hör bitte auf zu säuseln, glaubst du vielleicht, du bist besser? Machst hier einen auf Gefühlsmensch, dabei *(sie holt ihr Handy hervor und sucht nach alten Nachrichten)* ... Moment, gleich hab ich es. Ah, da ist es ja: Eine deiner ersten SMS an mich, das war 2009: „Hättest du vielleicht Lust, heute Abend mit mir essen zu gehen? Ich würde dich gern wiedersehen. 1000 Küsse, Dein E." Und dann, drei Jahre später das: „Schaffe es leider nicht zum Abendessen. Lass mir was übrig, ja? Küsse, E."
Er: Immerhin, Küsse – das ist doch was!
Sie *(sucht weiter):* Ha! Hier ist eine von 2014: „Kannst du Pizza bestellen? Bin gleich da. LG". Und das da kam vor ein paar Wochen: „Essen wann?"
Er: Äh ...
Sie: Na, du Romeo vom Dienst, bist du immer noch der Meinung, ich sei kaltherzig und unterromantisiert?
Er: Oh mein Gott, du hast Recht: Unsere Beziehung ist am Ende.
Sie: Quatsch, unsere Beziehung ist in bestem Zustand. Das ist eben so, wenn man länger zusammenlebt.
Er: Und ich sage dir: Das ist es nicht. *Er schnappt sich den Sack mit den Rasensamen und verschwindet im Garten. Zwei Minuten später vibriert das Handy in seiner Tasche – eine Nachricht.*
Sie: „Ich würde dich gerne wiedersehen. Hättest du vielleicht Lust, heute Abend mit mir zu essen? Bei mir zuhause, in unserer Küche? Tausend Küsse, S."

Er *(schreibt zurück):* „Schaffe es leider nicht zum Abendessen, meine Alte hat mich zu Gartenarbeit verdonnert. Lass mir was übrig, ja? Küsse, E."

Sie: „Fiesling. Ratte!"

Er: „Ich dich auch."

Wegen so etwas gehe ich doch nicht zum Arzt!

Das wird schon wieder

Er kann sich kaum mehr auf den Beinen halten. Sie versucht, ihn zum Arztbesuch zu bewegen. Doch davor scheint er sich mehr zu fürchten als vor den Schmerzen.

Sie: Kommst du essen? Mein Gott, wie stehst du denn da? Du bist ja total schief!
Er: Ach was, nur ein kleines Problem mit dem Rücken.
Sie: Immer noch dieses Ziehen?
Er: Inzwischen ist es eher ein Stechen.
Sie: Sicher hast du dir einen Nerv eingeklemmt. Willst du damit nicht lieber zum Arzt?
Er: Wegen so etwas gehe ich doch nicht zum Arzt! Wirst sehen, das wird schon wieder. *(Er versucht, sich hinzusetzen.)* Autsch!
Sie: Was ist los?
Er: Ich glaube, ich esse meine Suppe im Stehen.
Sie: Und ich glaube, wir rufen den Arzt an.
Er: Bis ich da einen Termin bekomme, ist es längst wieder vorbei.
Sie: Bei deinen Schmerzen schiebt er dich sicher dazwischen.
Er: Du tust ja gerade so, als hätte ich einen offenen Bruch!
Sie: Mein Gott, muss denn erst der Knochen freiliegen, damit du freiwillig zum Arzt gehst?
Er: Du dramatisierst mal wieder.
Sie: So wie damals, als sie dir um ein Haar den Unterschenkel

amputiert hätten, weil du die Blutvergiftung tagelang ignoriert hast?
Er: In unserem Alter zwickt es eben ab und zu irgendwo. Das ist doch normal.
Sie: Normal nennst du das? Schau dich mal an, du stehst da wie eine Geisterbahnfigur, die man falsch zusammengeschraubt hat.
Er: Ich fühle mich topfit, wirklich! Schau doch *(hebt ein Bein, bewegt es mit schmerzverzerrtem Gesicht nach vorne und hinten).*
Sie: Eindeutig: Du brauchst einen Arzt.
Er: Brauche ich nicht! So ein Arzt macht einen erst richtig krank. Der verschreibt mir nur irgendeine Salbe. Oder ein paar Tabletten, und dann habe ich die nächsten Probleme. Hast du schon mal so einen Beipackzettel durchgelesen?
Sie: Sag mal, hast du etwa Angst vor der Untersuchung?
Er: Quatsch. Es ist nur so: Der Einzige, dem es nach meinem Besuch besser geht, ist der Arzt.
Sie: Aber wäre es denn nicht sinnvoll, das mal röntgen zu lassen, nur um sicherzugehen, dass es nicht die Bandscheiben sind?
Er: Kommt nicht in Frage, ich setze mich doch nicht überflüssiger Strahlenbelastung aus!
Sie: So wirst du aber nie wissen, was du hast.
Er: Pah, als ob ein Arzt das beurteilen kann. Man hört doch immer wieder von Fehldiagnosen. Am Ende werde ich operiert und sitze für den Rest meines Lebens im Rollstuhl!
Sie: Mein Lieber, im Rollstuhl landest du bestenfalls, wenn du weiter so stur bist. Auf jeden Fall aber im Gipsbett. Hast du denn gar kein Verantwortungsgefühl? Immerhin bist du Familienvater.

Er: Ich bin sogar mehr als verantwortungsbewusst. Schau, ich habe sogar ein Wärmepflaster aufgeklebt.
Sie: Also ich geb's auf. Es ist einfach hoffnungslos mit dir. Aber wenn sie dich mit dem Kran abholen, will ich nichts hören.
Er: Kran? Jetzt übertreibst du aber.
Sie: Ach, die Geschichte kennst du ja noch gar nicht! Du warst an dem Tag in Berlin. Da haben sie Herrn Lentner aus dem dritten Stock gehievt. Durchs Fenster.
Er: Oh Gott, warum das denn?
Sie: Bandscheibenvorfall. Es begann mit einem leichten Ziehen.
Er: Im Ernst?
Sie: Es hieß, er habe am Boden gelegen, nahezu transportunfähig. Sechs Stunden soll er gebraucht haben, um sich bäuchlings zum Telefon zu robben. Die Notärzte konnten ihn nicht einmal mehr übers Treppenhaus hinuntertragen, jegliche Erschütterung musste vermieden werden. Also haben sie die Feuerwehr geholt. Die hat ihn dann mit der Drehleiter auf einer Bahre aus der Wohnung holen müssen.
Er: Das ist ja furchtbar!
Sie: Das kannst du laut sagen. Die Nachbarn und die Leute im Haus gegenüber hätten fast selbst einen Orthopäden gebraucht, so haben sie sich die Hälse verrenkt. Gott, war dem armen Mann das peinlich.
Er: Ist er deshalb ausgezogen?
Sie: Keine Ahnung. Was soll's. Mach dir keine Sorgen, du kannst ja noch aufrecht stehen.
Er: Die Frage ist nur, wie lange.
Sie: Ach was. Das wird schon wieder! Apropos: Soll ich dir den

Teller jetzt ans Fensterbrett tragen oder möchtest du lieber im Stehen direkt aus dem Topf essen?

Er: Ich will nicht essen. Ich will einen Arzt. Sofort. Besser, du rufst gleich den Notarzt. Schnell, bitte! Ich glaube fast, es sticht jetzt sogar am Herzen!

Sie: Na also. Endlich kommst du zur Vernunft. Wobei – die Nachbarn hätten sich bestimmt gefreut.

Und was machst du, meditieren? –
Atmen. Ohne umzufallen, immerhin.

Verschone mich mit deiner guten Laune

Er kommt energiegeladen vom Joggen, sie kämpft am Frühstückstisch gegen den Schlaf. Wenn Morgenmuffel und Frühaufsteher aufeinandertreffen, ist der Tag gelaufen.

Sie – Wollsocken, ausgeleierte Pyjamahose, XL-Shirt – hält sich mit leerem Blick an einer Tasse Tee fest. Er – frisch geduscht, das Gesicht noch vom Morgenlauf gerötet – kommt pfeifend in die Küche.

Er: Schönen guten Morgen, mein Schatz – gut geschlafen?

Sie: Mhn.

Er: Was wolltest du sagen, mein Engelchen?

Sie: Nx.

Er: Ist das nicht ein wunderschöner Tag heute?

Sie: Hmhm.

Er: Sag mal, wie lange sitzt du da schon so?

Sie: Weiß nicht.

Er: Und was machst du, meditieren?

Sie: Atmen. Ohne umzufallen, immerhin.

Er: Hältst du dich deshalb an deiner Tasse fest? Dein Tee ist bestimmt schon kalt, warum trinkst du ihn nicht?

Sie: Könntest du vielleicht mal mit der Fragerei aufhören?

Er: Welche Fragerei?

Sie: Erklär mir das mal: Wie geht das? Dass einer aufwacht, aus dem Bett springt und zu quasseln beginnt. Oder sich Sportschuhe überstreift und losrennt. Das ist so ... so unmenschlich!

Er: Du weißt ja, wie das ist: Der frühe Vogel ...

Sie: Sehe ich aus, als würde ich einen Wurm frühstücken?

Er: Also morgens bist du einfach nicht du selbst. Als würde eine andere Frau vor mir sitzen.

Sie: Ich bin morgens eine andere Frau. Inzwischen müsstest du das mitbekommen haben. Also tu mir einen Gefallen und lass mich einfach in Ruhe, ja?

Er: Vielleicht solltest du abends früher schlafen gehen, dann kommst du morgens besser raus und bist nicht so gereizt.

Sie: Vielleicht solltest du länger aufbleiben, dann hättest du morgens nicht so viel überschüssige Energie, um mich zu nerven.

Er: Wie wäre es mit einer kalten Dusche, das macht wach?

Sie: Willst du, dass unsere Beziehung an diesem Frühstückstisch endet? Dann mach nur weiter so.

Er *(wendet sich den Nachrichten auf dem Tablet zu):* Wie du willst.

Sie *(beugt sich mit zusammengekniffenen Augen nach vorn, wirft einen Blick auf die Schlagzeile):* Pfff – Renten steigen deutlich. Ein Witz.

Er: Du sagst es! Ich frage mich, wie die Regierung das finanzieren will. Das funktioniert doch nur, wenn wir mehr Anreize schaffen, damit die Leute länger arbeiten. Früher war man mit 70 alt, heute erst mit 80! Wenn die Arbeitsplätze altersgerecht gestaltet sind, ist es ja auch kein Problem, länger zu arbeiten. Na gut, bei der Feuerwehr oder im Baugewerbe muss man sich eben was einfallen lassen, die Leute in die Verwaltung setzen oder so. Verstehst du, was ich meine?

Sie *(stirnrunzelnd):* Hm?

Er: Ich sage immer, die Rente ist sicher, solange wir ein paar Dinge beachten: Erstens muss die betriebliche Altersrente gestärkt werden. Zweitens gehört die private Vorsorge honoriert – das wird ja heutzutage eher bestraft, wenn man sich die Besteuerung auf Lebensversicherungen mal ansieht. Außerdem muss die gesetzliche Rente flexibler werden. Man muss ja nicht jeden länger arbeiten lassen – aber wenn jemand gern möchte, warum denn nicht? Und überhaupt ist es längst an der Zeit, endlich auch mal die Beamten und Selbständigen ins Rentensystem zu holen. Die Schweiz macht das schon lange so!

Sie: …

Er: Sag mal, bist du eingeschlafen?

Sie: Ich kämpfe dagegen an.

Er: Ich dachte, dich interessiert vielleicht meine Meinung zu dem Thema. Schließlich hast du davon angefangen.

Sie: Ich habe gar nichts angefangen. Nur eine Bemerkung gemacht. Konnte ja nicht ahnen, dass sich gleich ein Monolog zum Rentensystem über mich ergießt.

Er: Schau mal, die Müllers von gegenüber kommen zurück vom Joggen. Ich finde, wir sollten das auch einmal zusammen versuchen.

Sie: Musst du nicht allmählich endlich los?

Er: Ist ja gut, ich bin schon weg. Also wirklich, wie kann man nur so ein Morgenmuffel sein?

Sie *(schleppt sich zur Spüle und knallt die Teetasse ins Becken):* Nervensäge, also echt … *(räumt den Tisch ab)* … was glaubt der eigentlich? Ich kann auch gut gelaunt sein! … *(kickt seine*

Joggingschuhe in den Gang) … ich kann sogar Sport *(macht zwei Kniebeugen)* … puh! Das hat jetzt aber gut getan … *(guckt in den Spiegel)* … weiß gar nicht, was der will – ich bin doch wach. Hellwach! *(grinst)* … und gut gelaunt obendrein – na also, geht doch!

Warum bist du immer müde, wenn ich Lust habe?
Warum hast du immer Lust, wenn ich müde bin?

Hättest du Zeit für Sex?

Die Wochen ziehen ins Land, und plötzlich ist ein Monat vorbei – ohne Erotik, ohne Leidenschaft. Zwar hätten beide Zeit für Sex, nur leider nicht gleichzeitig. Da hilft nur eins: einen Termin vereinbaren.

Sie: Schläfst du schon?

Er: Fast.

Sie *(krault ihm beharrlich den Rücken):* Warum bist du immer müde, wenn ich Lust habe?

Er: Warum hast du immer Lust, wenn ich müde bin?

Sie: Das hat vermutlich damit zu tun, dass du in meiner Anwesenheit so gut wie immer müde bist. Oder beschäftigt. Oder nicht anwesend.

Er: Das stimmt nicht. Gestern zum Beispiel, da hatte ich nichts zu tun, war zu Hause – hier auf dem Bett. Und kein bisschen müde. Und wer nicht da war, warst du.

Sie: Aber jetzt bin ich doch da!

Er: Du weißt doch, dass ich morgen wegen der Präsentation nach Stuttgart muss. Mein Zug geht um halb acht, und es ist schon spät. Außerdem hätte ich den Kopf ohnehin nicht frei.

Sie: Weißt du überhaupt noch, wann das letzte Mal war?

Er: Ich habe erst kürzlich darüber nachgedacht, aber ich kam nicht drauf.

Sie: Haben wir nicht damals an dem verlängerten Wochenende in Wien ...
Er: Ja, könnte hinkommen. Das war Anfang Februar.
Sie: So lange ist das her?
Er: Aber dazwischen war doch sicher noch was. Da muss doch was gewesen sein, ich meine: Das gibt's doch nicht, oder?
Sie: Moment, ich hab's! Als wir vom Kino kamen, erinnerst du dich? Da ... ach nee, Quatsch. Du warst eingeschlafen, als ich aus dem Bad kam.
Er: Hätte mir jemand gesagt, dass ich eines Tages nur noch einmal im Monat ...
Sie: ... oder noch seltener ...
Er: ... ich hätte ihn ausgelacht.
Sie: Oder mich gleich erhängt.
Er: So geht das nicht weiter.
Sie: Absolut deiner Meinung.
Er: Wir müssen uns was einfallen lassen.
Sie: Wenn es gar nicht anders geht, machen wir eben einen Termin.
Er: Spinnst du?
Sie: Warum nicht, für Sport, Verabredungen oder andere schöne Dinge nehmen wir uns doch auch Zeit.
Er: Aber für Sex? Ich weiß nicht, da muss man doch in Stimmung sein.
Sie: Für Sport bist du auch nie in Stimmung – und schaffst es trotzdem zweimal die Woche ins Studio.
Er: Also gut, schauen wir in den Kalender.
Sie: Bringst du mein Handy mit?

Sie setzen sich nebeneinander und gehen ihre Kalender durch.

Er: Wie wäre es gleich morgen, da hab ich nichts vor.

Sie: Morgen geht nicht, da bin ich mit Margot im Theater. Aber Donnerstag ginge.

Er: Oh, das ist ganz schlecht, da geh' ich doch immer zum Sport. Und danach mit Bernd was trinken. Dann vielleicht diesen Freitag?

Sie: Also echt, hast du etwa vergessen, dass meine Eltern kommen?

Er: Nicht wirklich. Eher verdrängt. Aber dann können wir das Wochenende gleich streichen.

Sie blättern in die folgende Woche.

Er: Montag?

Sie: Lieber nicht, ich habe am Dienstagmorgen gleich als erstes mein Jahresgespräch. Da muss ich fit sein. Dienstag bist du wieder im Sport. Aber Mittwoch, Mittwoch wäre prima.

Er: Welcher jetzt, der 18.? Also gut ... ach ne, doch nicht. Da spielt Dortmund gegen Juventus Turin.

Sie: Na und?

Er: Champions League!

Sie: Meine Güte, dann eben Donnerstag ... ach nee, Sport. Freitag?

Er: Du meinst, diesen Freitag?

Sie: Wie oft noch? Da kommen meine Eltern! Freitag in einer Woche natürlich.

Er: Einverstanden.

Sie: Gut, dass wir das organisiert haben.

Er: Ja. Jetzt haben wir das schon mal aus dem Kopf.

Sie: Und man hat etwas, auf das man sich freuen kann.

Er: Oh Mann – ein Uhr.

Sie: So spät! Da hätten wir ja gleich ...

Er: Wie jetzt, einfach so, ohne Termin? Ne, ne, ne, wir ziehen das jetzt durch. Gute Nacht.

Ich sehe Dich jetzt
mit ganz anderen Augen.

Das war das letzte Mal!

Sie sind der Prüfstein für Paare: Verwandtenbesuche und Familienfeiern. Während er ihr zuliebe mitkommt, wünscht sie sich, er wäre zu Hause geblieben.

Ein Parkplatz vor einem Restaurant. Es ist spät. Sie steigen in ihr Auto. Die Türen fallen zu. Stille.

Er: Puh!

Sie: Was meinst du mit „puh"?

Er: Puh, das hätten wir geschafft.

Sie: Hat dir die Goldene Hochzeit meiner Eltern etwa nicht gefallen?

Er: Ich bin nun mal kein Fan von solchen Großfamilienereignissen.

Sie: Wegen mir hättest du nicht mitkommen müssen. Dann brauche ich mir wenigstens keine Gedanken zu machen, ob du dich amüsierst.

Er: Hättest du das nicht früher sagen können?

Sie: Aber das habe ich doch!

Er: Ich meine: So, dass ich es auch glaube.

Sie: Du kannst mir immer glauben, was ich sage.

Er: Dann habe ich mir diese Familienfeier also völlig umsonst angetan.

Sie: Was soll das heißen: angetan?

Er: Zum Beispiel mit dir in deinem alten Kinderzimmer

übernachtet – beobachtet von einem Dutzend Kuscheltieren.

Sie: Es war doch nur für eine Nacht.

Er: Eben. Hätten wir uns da nicht ein Zimmer in der Pension um die Ecke leisten können?

Sie: Du weißt ja, wie meine Eltern sind.

Er: Zumindest habe ich inzwischen eine ganz gute Vorstellung davon. Glaubst du, sie haben mich absichtlich neben deinen Großonkel gesetzt?

Sie: Keine Ahnung. Hat sich Onkel Theo wieder danebenbenommen?

Er: Er hatte eine Flasche Korn unter dem Tisch deponiert und schenkte sich immer wieder nach. Mit jedem Glas wurden die Geschichten, die er erzählte, abenteuerlicher.

Sie: Und genau deshalb solltest du davon keine einzige glauben.

Er: Dann ist also nichts dran an der Sache mit dem gefälschten Brief?

Sie: Das hat er dir nicht erzählt!

Er: Und ob! Und sag mal, stimmt es, dass du versucht hast, in eine Bierflasche zu pinkeln?

Sie: Das ist doch die Höhe!

Er: Aber dass du ein Jahr lang dieselben Leopardenleggins trägst, das hätte ich nicht von dir gedacht.

Sie: Ich fasse es nicht.

Er: Ich sehe dich jetzt mit ganz anderen Augen.

Sie: Es ist wohl wirklich besser, wenn du nächstes Mal zu Hause bleibst.

Er: Deine Mutter hat sich jedenfalls wahnsinnig gefreut, dass ich dabei war.

Sie: Wieso das denn?

Er: Es war ihr wohl ein großes Bedürfnis, dass ich mitkomme zu dieser Familienfeier.

Sie: Hat sie dir das gesagt?

Er: Aber ja – immer wieder.

Sie: Und warum wollte sie unbedingt, dass du dabei bist?

Er: Damit deine Tante sieht, dass ... wie hat sie es formuliert? Ach ja: dass du auch einen abbekommen hast.

Sie: Jetzt reicht es. Endgültig. Weißt du was? Nächstes Mal bleiben wir beide daheim.

Kannst du meine Hand festhalten? Ich fürchte, dass mich die Ritze sonst verschlingen könnte.

Eine Brücke für die Liebe

Er schnarcht, wälzt sich im Bett herum, wandert aufs Klo – und wundert sich, wenn die gemeinsame Bettritze zum Graben wird.

Sie liegen im Bett und versuchen einzuschlafen. Besser gesagt: Sie versucht es. Er dreht sich von einer Seite zur anderen.

Sie: Hast du's dann bald?

Er: Wieso, ich mach doch gar nichts.

Sie: Gar nichts, nennst du das? Ich war eben eingeschlafen, da musst du aufs Klo. Dann bin ich gerade wieder am Eindösen, da kommst du zurück vom Klo und rennst im Dunkeln gegen den Stuhl. Und jetzt – wälzt du dich hin und her.

Er: Hättest du mich vorhin nicht angerempelt, hätte ich nicht bemerkt, dass ich aufs Klo muss.

Sie: Ich musste dich anrempeln, du hast geschnarcht wie ein Tier!

Er: Jedenfalls kann ich jetzt nicht mehr einschlafen. Womöglich hab ich ja Schlafstörungen?

Sie: Ganz offensichtlich sogar. Nur, dass ich diejenige bin, die darunter leidet!

Er: Also bitte, das sind immer noch meine Schlafstörungen, ja?

Sie: Und warum behältst du sie dann nicht für dich, sondern hältst mich mit deinem Gezappel wach?

Er: Ich zapple nicht. Ich versuche, eine bequeme Lage zu finden.

Sie: Aber ich werde jedes Mal halb aus dem Bett katapultiert, wenn du dich umdrehst.
Er: Ich bin nun mal 30 Kilo schwerer als du.
Sie: Deshalb hängt die Matratze auch so durch auf deiner Seite. Und ich lande immer wieder in deiner Kuhle. Ein Wunder, dass du mich noch nicht zerquetscht hast.
Er: Wenn es so schlimm für dich ist, dann kaufen wir morgen eben eine neue Matratze.
Sie: Zwei! Zwei neue Matratzen.
Er: Also gut. Kommst du noch ein letztes Mal in meine Kuhle?

Am nächsten Abend. Sie liegen im Bett, auf zwei nagelneuen Matratzen. Zwischen ihnen ein schmaler Spalt. Er dreht sich von einer Seite zur anderen.
Sie: Was ist denn nun schon wieder, kannst du nicht einfach ruhig liegen bleiben?
Er: Ich versuche es ja. Aber das ist nicht so einfach. Seit wir getrennte Matratzen haben, klafft diese Schlucht zwischen uns. Ich habe Angst, dass ein Bein oder ein Arm von mir darin verschwindet.
Sie: Das ist keine Schlucht. Das ist nur eine Ritze. Und ich bin, ehrlich gesagt, ganz froh darüber.
Er: Du bist gemein. Wie kannst du so etwas sagen? Ausgerechnet jetzt, so kurz vor Valentin!
Sie: Ich meine das nicht böse. Ich bin einfach nur erleichtert. Immerhin spüre ich zwar noch die Erschütterung, wenn du dich herumwälzt. Aber ich hüpfe nicht mehr bei jeder Bewegung mit.
Er: Ich weiß nicht. Womöglich ist das der Anfang vom Ende. Erst

geht ein Riss durch unser Bett. Und vielleicht bald schon durch unsere Ehe.

Sie: Aber nein, im Gegenteil! Du wirst sehen, dieser kleine Spalt wird unserer Beziehung guttun.

Er: Das kann ich mir beim besten Willen nicht vorstellen.

Sie: Also gut, ich lass mir etwas einfallen. Aber jetzt schlaf. Bitte.

Er: Kannst du meine Hand festhalten? Ich fürchte, dass mich die Ritze sonst verschlingen könnte.

Am nächsten Abend. Sie liegen im Bett, auf zwei neuen Matratzen. Zwischen ihnen ein schmaler Spalt, in dem sich nun ein nagelneuer Matratzen-Ritzenfüller befindet.

Er: Was zum Teufel ist das?

Sie: Eine Liebesbrücke, mein Schatz. Damit du keine Angst mehr haben musst, in der Ritze zu verschwinden. Mein Valentinsgeschenk an dich, sozusagen.

Er: Liebesbrücke nennst du das? Ziemlich beschönigender Ausdruck dafür, dass du diesen Keil zwischen uns getrieben hast.

Sie: Das ist kein Keil, eher eine Verbindung zwischen unseren Matratzen.

Er: Es ist eine Mauer, und ich bleibe dabei: Die Mauer muss weg!

Sie: Nix da, die Mauer bleibt! Und jetzt schlaf endlich. Sonst hole ich die Kettensäge und sorge dafür, dass ein echter Graben zwischen uns verläuft.

Er: Wie soll ich jetzt noch beruhigt einschlafen, wenn du so etwas zu mir sagst?

Sie: Ich sag gleich noch ganz andere Dinge, wenn du jetzt keine Ruhe gibst!

Er: Ich glaube, ich muss mal.

Sie: Dann nimm am besten gleich deine Bettdecke mit und leg dich anschließend in die Wanne.

Er: So kann ich doch nicht schlafen!

Sie: Aber ich! Und morgen kaufen wir ein zweites Bett.

Sie war in dich verliebt. –
Das wusste ich damals aber nicht.

Es oder ich

Die erste gemeinsame Wohnung. Sie wünscht, dass er das Shirt seiner Ex entsorgt. Er fragt sich: Was macht das blaue Känguru im Bett?

Sie sind eben erst zusammengezogen. Er räumt seine Sachen in ein freies Fach im Schrank, sie bezieht gerade das Bett. Als er sich umdreht, erblickt er ein Plüschtier, das unter ihrem Kopfkissen hervorlugt. Er zieht an einem Bein, zum Vorschein kommt ein blaues Känguru.

Er: Nanu, was ist das denn?

Sie: Ach das, das ist Bernd.

Er: Wer oder was ist Bernd?

Sie: Ein blaues Känguru, sieht man doch.

Er: Aber wo kommt es her, das Känguru?

Sie: Aus meiner Wohnung.

Er: Wirklich? Ich sehe es zum ersten Mal.

Sie: Es lag meistens irgendwo zwischen den Kissen. Oder unterm Bett.

Er: Bernd ... Bernd, sag mal: Hat dein Ex nicht so geheißen?

Sie: Unglaublich. Alles vergisst du. Aber das kannst du dir merken.

Er: Ich vergesse nur die unwichtigen Dinge.

Sie: Ach. Deshalb hast du wohl auch unseren letzten Jahrestag

vergessen. Aber daran kannst du dich sicher nicht mehr erinnern.
Er: Könntest du bitte aufhören, vom Thema abzulenken? In unserem Bett liegt ein Kuscheltier, das nach deinem Exfreund benannt ist.
Sie: Der Name war damals seine Idee. Und wenn du es nicht erwähnt hättest, hätte ich gar nicht mehr daran gedacht, dass es ihn gab. Für mich ist Bernd nur noch ein Kuscheltier.
Er: Und warum hast du es aufgehoben?
Sie: Sollte ich es ihm vielleicht zurückgeben? So weit kommt's noch.
Er: Und es zu behalten findest du besser?
Sie: Immerhin hat er noch mein Fondue-Set.
Er: So, so. Und, vermisst du es?
Sie: Ja, jedes Mal an Silvester.
Er: Hättet ihr nicht einfach tauschen können?
Sie: Auf keinen Fall. Damals war es noch viel zu früh für ein Wiedersehen.
Er: Und danach?
Sie: War es dafür zu spät.
Er: Jedenfalls muss Bernd aus unserem Bett verschwinden. Und zwar sowohl konkret als auch im übertragenen Sinne.
Sie: Aber es ist doch nur ein Känguru!
Er: Nein, es ist ein Kuscheltier von deinem Ex! Es erinnert mich daran, dass du früher mit diesem Bernd gekuschelt hast. Außerdem ist es hässlich und geschmacklos.
Sie *(zieht ein ausgewaschenes T-Shirt aus seinem Umzugskarton):* Und was ist damit? Ich dachte, das hätten wir geklärt?
Er: Aber das ist so bequem!

Sie: Es ist von deiner schrecklichen Ex-Freundin. Hast du etwa auch die geschmacklose Tasse behalten, die dir diese Eva geschenkt hat? *(Sie wühlt in dem Karton mit seinem Geschirr und fördert eine Blümchentasse zutage.)* Die schaue ich mir bestimmt nicht jeden Morgen zum Frühstück an.

Er: Eva war meine Mitbewohnerin. Ich hatte nichts mit ihr.

Sie: Sie war in dich verliebt.

Er: Das wusste ich damals aber nicht.

Sie schaut ihn ungläubig an.

Er: Also gut, jetzt, wo ich es weiß, werfe ich sie weg.

Sie: Und was wird jetzt aus Bernd?

Er: Der zieht um. Auf den Dachboden. Mindestens.

Sie: Und wenn ich ihn umtaufe?

Er: Dann darf er aufs Sofa. Und nicht einen Schritt weiter.

Du klingst wie ein Henker,
der von seinem Beruf schwärmt.

Weichei zum Frühstück

Wenn es ums Frühstücksei geht, hat jeder seine eigene Technik. Er klopft – und findet ihre Methode brutal. Sie köpft – und hält ihn für ein Weichei.

Sie sitzen am Frühstückstisch. Sie nimmt ein Messer und köpft mit einem gezielten Schlag ihr Ei. Er legt seinen Löffel weg und schaut ihr ungläubig zu.

Sie: Was guckst du denn so?

Er: Ich fühle mich immer wieder aufs Neue irritiert von diesem Anblick. Von dem, was du mit deinem Frühstücksei anstellst.

Sie: Du meinst, weil ich es mit dem Messer öffne? Das mache ich schon immer so, es geht auch viel schneller.

Er: Aber du machst es so resolut. Schon vom Zuschauen wird mir ganz anders.

Sie: Du willst mir aber jetzt nicht sagen, dass du eine Art Kastrationsangst verspürst, weil ich mein Frühstücksei köpfe, oder?

Er: Das nicht gerade. Trotzdem. Es bereitet mir Unbehagen, wenn du so wild entschlossen auf dein Ei losgehst.

Sie: Das muss so sein. Der perfekte Seitenhieb ist ja gerade die Herausforderung an der Sache. Zack! Und ab ist der Kopf.

Er: Du klingst wie ein Henker, der von seinem Beruf schwärmt.

Sie: Sag mal, wo liegt dein Problem?

Er: Es wirkt so ... rabiat. Und passt überhaupt nicht zu einem gemütlichen Frühstück.

Sie: Ich bitte dich, ist es vielleicht gemütlich, von allen Seiten auf sein Ei einzuhauen und anschließend die Kalkkrümel herunterzupopeln?

Er: Ich haue nicht und ich popele auch nicht. Ich entblättere.

Sie: Oh! Du meinst, du entkleidest das Ei wie eine Frau?

Er: Ich finde, ein Ei hat es verdient, dass man es mit Bedacht schält. Ich lasse mir eben Zeit und genieße die Vorfreude.

Sie: Hm, vielleicht sollten wir eine Gedenkminute für das Ei einlegen, was meinst du?

Er: Deinen Spott kannst du dir sparen. Ich bleibe dabei: Es ist brutal. Und unkultiviert obendrein. Schon allein, wie das Eigelb an der Schale herunterläuft – wie Blut. Das ist doch nicht schön.

Sie: Das, mein Lieber, passiert nur, weil das Ei zu weich ist.

Er: Das Ei ist nicht zu weich. Es ist nur deiner rabiaten Technik nicht gewachsen.

Sie: Wenn ich das Ei koche, läuft da aber nix. Du darfst es eben nicht zu früh herausnehmen.

Er: Ich finde es perfekt so. Dann darfst du es eben nicht köpfen.

Sie: Wieso sollte ich zum Klopfer werden, nur weil du die Eier zu weich kochst?

Er: Wieso sollte ich die Eier hart kochen, nur weil du sie pulverisierst?

Sie: Vergiss es. Klopfen ist was für Unentschlossene. Köpfen ist was für Macher. Deshalb schreckt es dich ab.

Er: Ich soll unentschlossen sein, nur weil ich nicht mit dem Säbel auf mein Ei losgehe?

Sie: Genau. Würdest du köpfen, hätten wir bestimmt längst einen funktionierenden Toaster. Oder den Sommerurlaub gebucht. Und die Jalousien erneuert. Aber du kannst dich ja nie entscheiden.
Er: Oh doch, und ob ich kann. Das nächste, was ich anschaffe, ist so ein Dingsda, so ein ... na, wie heißt das noch mal *(zieht eine unsichtbare Kugel an einem Metallstab hoch und lässt sie auf ein imaginäres Ei fallen)*?
Sie: Du meinst doch wohl nicht diesen ...
Er: ... Eierschalensollbruchstellenverursacher, genau!
Sie: So weit kommt's noch! Lieber esse ich nur noch Spiegelei.
Er: Gute Idee. Ab morgen gibt es bei uns Ei aus der Pfanne. Ohne Krümel, ohne Blutvergießen. Ich besorge noch heute ein spezielles Modell.
Sie: Na, dann kann ich mich ja wieder entspannen. Bis du dich für eines entschieden hast, dürften hier noch viele Eierköpfe rollen.

Warum hängst du nicht gleich die Klotür aus!

Tür zu!

Er betreibt seine Körperhygiene gern als kollektives Happening – schließlich kennt man sich lange genug. Sie duldet im Badezimmer nur die Gesellschaft der Gummi-Ente.

Das Badezimmer ist in Kerzenlicht getaucht. Sphärische Klänge dringen durch die Dampfschwaden, die aus der Wanne emporsteigen. Sie liegt träge im Wasser, die Augen geschlossen. Die Tür geht auf, er kommt rein.

Er: Puh, hier sieht man ja die Hand vor Augen nicht!

Er klappt den Klodeckel hoch und setzt sich. Missmutig linst sie über den Badewannenrand hinweg zu ihm hinüber, während er vertrauensselig vor sich hinplätschert.

Sie: Also ich könnte das ja nicht. Einfach so pinkeln, wenn mir jemand dabei zusieht.

Er: Du bist ja auch nicht irgendjemand, mein Schatz. Vor dir habe ich keinerlei Hemmungen.

Sie: Oh ja. Ich weiß.

Bevor er wieder geht, wischt er mit der flachen Hand über den beschlagenen Badezimmerspiegel und versucht, sein Gesicht darin zu erkennen, um sich einen Pickel auszudrücken.

Sie: Hast du's dann?

Er: Ist ja gut, ich bin schon weg.

Sie *(ruft ihm hinterher):* Und schließ bitte die Tür hinter dir. Ganz!

Er *(steckt noch mal den Kopf durch die Tür):* Was ist mit der Gummi-Ente, darf die etwa bleiben?

Sie: Raus!

Er: Sehr wohl, Frau Müller-Lüdenscheidt.

Fünf Minuten später kommt er wieder herein, sie fährt hoch und verschluckt sich am Badewasser.

Er: Nicht erschrecken, ich bin's doch nur. Jetzt ist mir wieder eingefallen, was ich noch machen wollte.

Er stellt einen Fuß auf die Klobrille und beginnt, mit einem Zwicker an seinen Zehennägeln herumzuknipsen.

Sie: Und das muss ausgerechnet jetzt sein? Würde es dir etwas ausmachen, damit zu warten, bis ich fertig gebadet habe?

Er: Aber Liebes – wir beide wissen doch nur zu gut: Es kann ewig dauern, bis du da wieder rauskommst. Keine Angst, ich störe dich nicht.

Sie: Tust du doch. Ich würde mich nämlich gern entspannen. Und das geht nicht, wenn du … *(feindselig verfolgt sie den Flug eines Nagelsplitters, der durch die Luft segelt)* … das da vor meinen Augen machst.

Er *(zieht den Duschvorhang zu):* So, nun kannst du dich entspannen.

Knips. Knips.

Sie: Ich kann dich immer noch hören. Außerdem bekomme ich hier drin Beklemmungen.

Er *(zieht den Vorhang wieder zurück):* Was ist eigentlich so schlimm daran, wenn ich dir beim Baden Gesellschaft leiste und nebenbei ein bisschen Pediküre mache?

Sie: So eine Frage hättest du mir vor acht Jahren niemals gestellt.

Er: Damals hätte dich so etwas auch nie gestört.

Sie: Von wegen. Ich hätte es nur nicht zugegeben.

Er: Ach komm schon. Damals haben wir uns sogar die Zahnbürste geteilt!

Sie: Aber doch nur, wenn ich spontan bei dir übernachtet habe – und nur, weil du keine Gäste-Zahnbürste hattest.

Er: Wo liegt denn bitte der Unterschied, ob wir uns küssen oder die Zahnbürste teilen?

Sie: Darüber möchte ich jetzt wirklich nicht sprechen. Ich bade gerade, und da will ich dir weder beim Pinkeln zusehen müssen noch bei der Fußpflege. Und auch nicht über gemeinsame Zahnbürsten nachdenken. Fehlt nur noch, dass du dir die Nasenhaare entfernst.

Er: Du bist eindeutig unlocker. Aber ich bleibe dabei: Schamgefühl unter Liebenden ist unnötig.

Sie: Du klingst wie Rainer Langhans. Warum hängst du nicht gleich die Klotür aus und veranstaltest aus deiner Körperpflege ein kollektives Happening – seht alle her, ich schneide, feile und rubble!

Er: Hoffentlich ist da viel Melisse und Lavendel drin, in deinem Badezusatz. Das soll ja entspannen. *(Knips, Knips.)*

Plötzlich fliegt ein Stück Nagel durch die Luft – direkt in ihr Badewasser.

Er: Uuups!

Sie: So. Ich denke, es reicht. Ich habe genug gebadet. Dann werde ich mir jetzt mal ein paar Meter Alufolie um den Kopf wickeln, um meine Haartönung zu intensivieren und anschließend die

Beine epilieren. Dazu werde ich mir mithilfe von Wachsstreifen schreckliche Schmerzen zufügen und dabei das Gesicht, das ich mir zuvor mit einer Gurken-Quarkmaske zugekleistert habe, zu einer unansehnlichen Fratze verzerren. Kein schöner Anblick, wenn du verstehst, was ich meine.

Er: Hm ... dann werde ich vielleicht doch besser gehen. Ich denke, ich muss nicht unbedingt Zeuge deiner wundersamen Verwandlung sein, sondern erfreue mich lieber an ihrem Ergebnis. Was dagegen, wenn ich die Gummi-Ente mitnehme? So etwas Grausames sollte sie nicht sehen.

Was genau meinst du mit „Hui"? –
Na ja, wie soll ich sagen: Wow!

Ist der nicht ein bisschen schief?

Der Weihnachtsbaum: zu klein. Das Geschenk: eine Zumutung. Immerhin kann das eine das andere aufwiegen.

Sie stehen nebeneinander vor dem geschmückten Weihnachtsbaum, an dem die Kerzen brennen. Von irgendwoher dudelt „Rudolph the Red-Nosed Reindeer“.

Sie *(legt den Kopf schräg):* Findest du nicht, dass er etwas schief ist?

Er: Ach wo, überhaupt nicht.

Sie: Der, den du im vergangenen Jahr besorgt hast, war jedenfalls größer.

Er: Ich habe aber genau so viel dafür bezahlt wie vergangenes Jahr.

Sie: Umso schlimmer!

Er: So ein großer Baum ist sowieso ganz schlecht fürs Klima. Hast du dir mal überlegt, wie umweltschädlich es allein ist, diese Riesen zu transportieren?

Sie: Du siehst das ganz falsch. Glaub mir, je größer und schöner der Baum, desto besser fürs Klima. Zumindest zwischen uns beiden.

Er: Wenn es nach dir ginge, dürfte ich die gesamte Adventszeit dem perfekten Baum nachjagen. Und Weihnachten würden wir im Innenhof verbringen. Weil wir das Ding gar nicht erst durch unsere Haustür bekämen.

Sie: Und wenn es nach dir ginge, hätten wir gar keinen.
Er: Doch, wir hätten so einen täuschend echten Kunstbaum. Der nadelt nicht und man holt ihn einfach aus dem Keller, wenn man ihn braucht.
Sie: So etwas kommt mir nicht ins Haus.
Er: Weißt du eigentlich, wie lange so ein Baum wachsen muss, um diese Größe zu erreichen? Und nach ein paar Tagen werfen wir ihn weg.
Sie: Moooment! Weißt du eigentlich, wie lange ich in der Küche stehe, um den Gänsebraten für deine Eltern zuzubereiten? Und nach 20 Minuten ist alles weggefuttert.
Er: Du machst das ja auch immer ganz prima, wirklich! *(Nach einer kleinen Pause:)* Was meinst du, vielleicht sollte ich mal mein Geschenk auspacken?
Sie: Wenn du es mit deinem Gewissen vereinbaren kannst, wo du doch Weihnachten für überbewertet hältst.
Er *(nestelt an der Verpackung, holt einen Gegenstand aus einem Lederetui und beäugt es):* Hui, ein Nasenhaarschneider!
Sie: Was genau meinst du mit „Hui"?
Er: Na ja, wie soll ich sagen: Wow!
Sie: Allerdings! Guck mal, das ist ein abnehmbarer Edelstahl-Scherkopf mit spritzwassergeschütztem Gehäuse. Damit kannst du sogar duschen! Die Haare in den Ohren kriegst du damit übrigens auch weg.
Er: Aber ich habe keine Haare in den Ohren.
Sie: Und ob. Du siehst sie nur nicht, aber sie sind da.
Er: Wenn du meinst. Willst du deines mal öffnen?
Sie *(wickelt vorsichtig ein kleines Päckchen aus, in dem*

sich ein Paar Ohrringe befinden): Oh! Die sehen ja aus wie Christbaumkugeln.

Er: Ja, süß, nicht wahr?

Sie: Ja. Vielleicht etwas auffällig.

Er: Ich dachte, das wäre mal etwas anderes.

Sie: Allerdings, das kann man so sagen.

Er: Sie gefallen dir nicht.

Sie: Oh doch! Nur vielleicht nicht an meinen Ohren. Weißt du was? Ich hab eine Idee. *(Sie nimmt die Ohrringe und hängt sie an den Baum)* Schön, oder?

Er: Na, wenigstens beim Weihnachtsschmuck habe ich etwas richtig gemacht. Hättest du was dagegen, wenn ich diese Nasenmaschine daneben hänge? Das Ding macht mir irgendwie Angst.

Sie: Ich hatte es befürchtet. Klar, mach nur.

Er hängt den Nasenhaarschneider in den Baum, der Zweig biegt sich unter seinem Gewicht.

Sie: Gar nicht schlecht, das ist nun wirklich mal etwas anderes.

Er: Siehst du das auch? Der Baum ist jetzt fast gerade!

Sie: Stimmt – jetzt, wo du's sagst. Frohe Weihnachten!

Ich bin kein Mustermännchen!

Das bisschen Haushalt. Sie wünscht sich, dass er sich nützlich macht, er ist lieber nur dekorativ. Doch da ist Vorsicht geboten bei der Wahl der Vorbilder.

Sie steht am Spülbecken, beide Hände in Gummihandschuhen. Neben ihr türmt sich das Geschirr vom Abendessen und vom Vortag. Er hat sich in die Zeitung vertieft und tastet abwesend nach der Plätzchendose, die auf dem Tisch steht.

Sie: Könntest du dir vielleicht mal ein Geschirrtuch schnappen und abtrocknen?

Er: Sorry, hab gerade keine Hand frei.

Als sie sich umdreht, hat er die Plätzchendose in der einen, den Deckel in der anderen Hand.

Sie: Das finde ich nicht lustig. Meinst du nicht, dass du dich auch mal am Abwasch beteiligen könntest – wenn du sonst schon nichts zum Abendessen beiträgst?

Er: Ich habe erst letzte Woche für uns beide gekocht! Ist das vielleicht nichts?

Sie: Aber jedes Mal muss ich anschließend den Dreck wegmachen. Ich beneide Manuela. Der Carsten kocht fast jeden Abend. Der würde sich trotzdem nie vor dem Spülen drücken. Den muss man nicht mal bitten. Der macht das von alleine.

Er: Toller Hecht, dieser Carsten. Weißt du, wie mich das nervt, dass du jedes Mal Super-Carsten als leuchtendes Vorbild anbringst, wenn du etwas an mir auszusetzen hast? Falls du es vergessen hast: Er ist Fitnesstrainer. Und kann gerade nicht arbeiten, weil er einen Bänderriss hat. Der hat Zeit ohne Ende.

Sie: Er ist trotzdem ein aufgeklärter, fortschrittlicher Mann.

Er: Und was bin ich, ein Höhlenbewohner? Du bist total unfair! Warum vergleichst du mich immer mit diesem Mustermännchen, warum nicht ausnahmsweise einmal mit ... sagen wir: Sebastian. Mein Schwager sitzt nur herum und lässt sich von vorne bis hinten bedienen. Sagt jedenfalls meine Schwester.

Sie: Warum sollte ich dich mit diesem Blindgänger vergleichen?

Er: Weil ich dann gleich viel besser abschneide.

Sie: Kein Wunder. Der Typ ist die totale Niete.

Er: Ja eben! Es geht weitaus schlimmer als mit mir. Und weißt du, was seine Frau bestimmt jeden Abend zu ihm sagt? „Nimm dir mal ein Beispiel an deinem Schwager." Damit meint sie mich! Für die bin ich ein Carsten. Du solltest mal die Perspektive wechseln. Das hilft.

Sie: Ich soll meine Einstellung ändern, weil du zu faul bist abzutrocknen?

Er: Ich meine, du solltest mir nicht vorwerfen, dass ich kein Carsten bin. Sondern lieber froh sein, dass ich kein Sebastian bin. Ich vergleiche dich ja auch nicht ständig mit Paula.

Sie: Paula? Doch nicht die Paula? Ich bitte dich.

Er: Na gut, dann eben mit Anna.

Sie: Wer bitte ist das denn jetzt wieder?

Er: Meine Kollegin aus der Rechtsabteilung, sie ist seit drei Wochen Mitglied der Geschäftsführung.
Sie: Ach Gott, wieder so eine Powerfrau ohne Privatleben, die ihren Job über alles stellt?
Er: Sie hat drei Kinder mit ihrem Mann. Gestern im Meeting war sie nur per Skype zugeschaltet, Plätzchenbacken für die Kita.
Sie: Ui, Anna, die Superfrau. Sicher hat sie einen Hausmann daheim, auf dessen Kosten sie das alles wuppt.
Er: Ja, und ich weiß auch wie er heißt: Carsten.
Sie: Sehr witzig.
Er: So, und weil ich deiner Karriere nicht im Weg stehen will, helfe ich dir jetzt abspülen. Setz dich hin, ruh dich aus. Ich werde mich von nun an überhaupt verstärkt dem Haushalt widmen. Werde sämtliche Aufgaben, die wir uns bisher geteilt haben, alleine übernehmen. Werde die Kinder versorgen und erziehen, die Wäsche waschen, das Bad putzen, einkaufen, kochen und mich ums Auto kümmern. Ich werde ein Carsten sein, wie ihn die Welt noch nicht gesehen hat.
Sie: Aber wir haben doch gar keine Kinder!
Er: Egal, das erledige ich als nächstes!
Sie: Und ich?
Er: Du wirst Chef.
Sie: Gib das Handtuch her. Ich mach das.

In unserer Küche sieht es aus, als
hätten ein paar Betrunkene randaliert!
Das Abspülen wird Stunden dauern!

Die Fettecke kommt weg!

Wenn sie kocht, ist es Routine. Wenn er kocht, ist es Kunst. Zumindest gleicht die Küche nach dem Schaffensprozess dem Atelier eines Aktionskünstlers.

Er werkelt in der Küche. Dorthin entschwand er vor eineinhalb Stunden mit der Ankündigung, ein Abendessen für sie zu zaubern und der Anweisung, ihn nicht zu stören. Durch die verschlossene Tür hört man es scheppern und klappern. Schließlich öffnet sie die Türe einen Spalt, riskiert einen Blick – und erstarrt.

Er: Du sollst doch nicht gucken!

Sie: Oh Mann, was für ein Chaos!

Er: Ist das alles, was dir einfällt, wenn ich mich für dich in die Küche stelle?

Sie: Tut mir leid. Ich frage mich nur, was du da ... äh... Unglaubliches zauberst. Das sieht nach einer Menge Arbeit aus.

Er: Oh, das ist es auch! Es gibt „Potage aux légumes" – Gemüsesuppe mit Croutons. Das Rezept habe ich von einem französischen Gourmetkoch geklaut.

Sie: Du machst Suppe?

Er: Nicht einfach nur Suppe. Das Geheimnis ist, dass jedes Gemüse einzeln angebraten oder blanchiert wird, je nach Beschaffenheit. Für die Croutons werden drei verschiedene Brotsorten in Olivenöl geröstet – getrennt, versteht sich.

Sie: In unserer Küche sieht es aus, als hätten ein paar Betrunkene randaliert! Das Abspülen wird Stunden dauern!
Er: Weißt du eigentlich, wie schwierig es war, den exakten Gargrad der Aubergine in der gusseisernen Pfanne zu erfühlen? Und gleichzeitig darauf zu achten, dass die Tomaten im Keramik-Schmortopf nicht matschig werden?
Sie: Das hättest du auch einfacher haben können. Für eine Gemüsesuppe genügt mir ein Topf und ein Pürierstab – basta.
Er: Dir vielleicht. Aber das ist ja der Unterschied!
Sie: Moment mal, was soll das denn heißen? Ist dir mein Essen etwa zu primitiv? Oder schmeckt es vielleicht nicht?
Er: Doch, aber hin und wieder braucht es auch Mut zu innovativen Ideen.
Sie: Und warum brauchst du dafür so viel Zeug?
Er: Ich benötige eben ein angemessenes Equipment, um mich zu entfalten.
Sie: Dann sei doch bitte so nett und sorge dafür, dass das Equipment nach erfolgter Entfaltung wieder verschwindet. Das meiste kann man schon während des Kochens spülen. So mache ich es zum Beispiel.
Er: Sorry, aber das unterbricht meinen kreativen Prozess.
Sie: Oh, wie konnte ich das vergessen! Ich koche ja nur. Aber bei dir ist es Kunst. Koch doch zur Abwechslung mal jeden Abend, dann wirst du schon sehen, was aus deiner Kreativität wird.
Er: Du begreifst das nicht.
Sie: Oh doch, ich begreife sehr wohl! Du bist Beuys, und diese Sauerei hier ist deine Fettecke! Mit den Töpfen und Pfannen wolltest du eine Installation erschaffen.

Er: Ich sehe schon, Inspiration ist hier unerwünscht.
Sie: Aber nicht doch! Was meinst du, sollen wir die Ölspritzer und die eingetrockneten Tomatenstückchen an den Fliesen vorsichtshalber einrahmen?
Er: Ist ja gut, ich hab's kapiert. Lass uns erst mal essen. Damit ich Kraft habe für den bevorstehenden Abwasch.
Sie: Wow. Diese Suppe ist ein Gedicht. Nein ehrlich, sie ist ein Kunstwerk!
Er: Sag ich doch.
Sie: Falls es dich tröstet: Beuys wurde auch von vielen Leuten missverstanden.
Er: Armer Kerl. Vor allem, wenn man bedenkt, was sie mit seiner Fettecke gemacht haben.
Sie: Stimmt. Eines Tages kam ein Hausmeister und wischte sie weg – einfach so.
Er: Mann, bin ich ein Glückspilz. Ich darf das später selber machen.

Keine Chance. Ich hab nicht mal Puls.
Das wäre Leichenschändung.

Kannst du mich wieder losbinden, bitte?

Er beschwert sich, dass sie immer müde ist, wenn er Lust hat. Also lässt sie sich etwas besonders Aufregendes einfallen. Schlechte Idee.

Es ist früh am Morgen, er öffnet die Augen und linst zu ihr hinüber. Sie schläft tief und fest. Er wanzt sich an sie ran und schiebt seine Hände unter ihre Decke.

Sie *(im Halbschlaf):* Nichchchtchrrrr.

Er knabbert an ihrem Ohr.

Sie *(zieht sich das Kissen über den Kopf):* Lass mich schlafen.

Er: Immer bist du müde.

Sie: Oh ja. Ich bin so müde, du hast keine Vorstellung.

Er: Früher hattest du mehr Lust.

Sie: Früher hatten wir keine Kinder.

Er: Aber jetzt sind sie nun mal da. Willst du mich die nächsten zehn Jahre vertrösten?

Sie: Momentan will ich nur eines: schlafen.

Er: Schlaf ist total überschätzt. Im Gegensatz zu einem erfüllten Sexleben. Es ist das absolute Allheilmittel für Körper, Geist und Seele. Zum Beispiel kommt dabei der Kreislauf in Schwung und die Durchblutung wird angeregt!

Sie: Keine Chance. Ich hab nicht mal Puls. Das wäre Leichenschändung.

Er: Eine hübsche Leiche, ich muss schon sagen.

Sie: Keine Chance – spar dir die Komplimente und lass mich einfach schlafen.

Er: Die Endorphine, die man dabei ausschüttet, machen übrigens gute Laune, könntest du gut gebrauchen.

Sie: Wenn ich nicht so müde wäre, wäre ich jetzt beleidigt. Und da wunderst du dich, wenn ich dich abblitzen lasse.

Er: Gerade hast du noch behauptet, die Kinder wären der Grund.

Die Tür geht auf, eine Fünfjährige und ein Dreijähriger kommen herein und klettern auf das elterliche Bett.

Mädchen: Woran sind wir schuld?

Junge: Ich war's nicht.

Sie *(mit gedämpfter Stimme):* Der Grund ist einfach nur... gäääähn ... meine Müdigkeit. Aber heute Abend, da bin ich nicht müde, versprochen.

Er: Na, da bin ich ja gespannt.

Sie: Keine Angst – ich lass mir was einfallen. Das hält uns garantiert wach.

Mädchen: Was ist heute Abend, gibt es eine Überraschung?

Junge: Ich will mitmachen!

Sie: Nichts da. Ihr geht zu Oma und Opa. So, und jetzt machen wir Frühstück.

Später am Abend, die Kinder sind außer Haus. Er liegt nackt auf dem Bett, im Schein einer Kerze beugt sie sich über ihn.

Er: Bist du sicher, dass das so gehört? Meine Arme sind schon ganz taub.

Sie: Nur Geduld. Ich hab's ja gleich.

Er: Die verdammte Schnur scheuert im Schritt, ich spüre meine Beine nicht mehr!

Sie: Wenn du so zappelst, wird es nur schlimmer. Du musst dich entspannen, damit das Seil nicht so straff sitzt.

Er: Wie soll ich mich denn entspannen in dieser verkrümmten Haltung? Guck mal, meine Zehen, sehen die nicht blau aus?

Sie: Das gehört so.

Er: Ich weiß nicht. Ich glaube, ich möchte jetzt lieber losgebunden werden.

Sie: Aber wir haben doch noch gar nicht die Brustklemmen ...

Er: Vergiss es, mir tut auch so schon genug weh. Jetzt mach mich sofort los!

Sie: So ein Mist, ich krieg den Knoten nicht mehr auf.

Er: Ich dachte, du kennst dich damit aus! Sagtest du nicht, du hättest dich gründlich darauf vorbereitet?

Sie: Na ja, ich hab da mal so ein Buch gelesen.

Er: Und das sagst du mir jetzt? Nachdem du mich wie ein Paket verschnürt hast?

Sie: Du musst zugeben, es ist ziemlich dekorativ geworden! Ich sollte vielleicht ein Foto machen.

Er: Untersteh dich – mach mich auf der Stelle los!

Sie: Ich versuch's ja, aber der blöde Knoten geht nicht mehr auf. Es macht keinen Sinn, wir holen besser die Feuerwehr.

Er: Bist du verrückt? Nur über meine Leiche! Wenn das die Nachbarn mitkriegen!

Sie: Hast du eine bessere Idee?

Er: Hol das japanische Filetiermesser.

Sie: Bist du sicher?

Er: Hauptsache, es ist endlich vorbei.

Sie: Na gut. Wie du willst.

Sie holt ein Messer mit Bambusgriff und langer Klinge. Dann beginnt sie, an dem Knoten herumzusäbeln.

Sie: Schade um das teure Lederseil.

Er *(lässt das Messer nicht aus den Augen):* Sei bloß vorsichtig!

Endlich fällt das Seil auseinander. Er windet sich heraus und reibt sich vor Schmerz stöhnend Arme und Beine. Dann lässt er sich aufs Bett fallen, rollt sich ein und deckt sich zu.

Sie *(beobachtet ihn schuldbewusst):* Ich habe es nur gut gemeint. Ich dachte, du wolltest mal was Aufregendes erleben im Bett. Auch wenn das jetzt vielleicht nicht so gut für deine Durchblutung war ...

Er: Eigentlich wollte ich einfach nur stinknormalen ... vergiss es. Wenn ich es mir recht überlege, will ich eigentlich nur noch schlafen.

Sie: Na also. Ich wusste, du würdest früher oder später vernünftig werden. Los, rutsch!

Du klingst wie diese Schabrackenhyäne,
nur mit Erkältung.

Wie peinlich ist das denn

Sie schämt sich für sein Benehmen, er gruselt sich vor ihrem Lachen. Am Ende haben beide Spaß.

Sie sitzen in einem Restaurant, die Flasche Wein ist zu zwei Dritteln geleert. Da zieht er die Nase hoch, nimmt seine rote Papierserviette und beginnt, sie in der Mitte, am Falz entlang, zu durchtrennen – mit dem Ergebnis, dass beide Hälften in Fetzen reißen.

Sie *(sieht ihn fassungslos an):* Was tust du denn da, warum zerreißt du die Serviette?

Er: Ich muss mir die Nase putzen *(schnaubt in eine Serviettenhälfte).*

Sie: Aber doch nicht in die Serviette! Gott, wie peinlich. *(Sie sieht sich im Lokal um, um sich zu vergewissern, ob jemand etwas mitbekommen hat.)*

Er: Na, wenn ich gerade kein Taschentuch bei mir habe.

Sie: Warum fragst du mich dann nicht einfach, ich habe immer welche dabei!

Er: Schön für dich, aber es geht auch so, wie du siehst.

Sie: Nein, so geht es eben nicht! *(Sie beobachtet angewidert, wie er sich in seinem Stuhl ausstreckt und die gebrauchte Papierserviettenhälfte in seine Hosentasche stopft. Ihr missbilligender Blick bleibt abrupt an seiner Nase hängen.)*

Er: Was schaust du denn so komisch?

Sie: Deine Nase. Da hängt ein roter Fetzen.

Er *(friemelt an seiner Nasenspitze herum und schnippt das Papierstück schließlich von sich):* So. Zufrieden?

Sie: Ich fasse es nicht. Du bist manchmal einfach so peinlich.

Er: Ach ja? Ich? Peinlich? Dann solltest du dich mal nach zwei Gläsern Wein lachen hören!

Sie: Warum, was ist mit meinem Lachen?

Er: Dein beschwipstes Lachen ist ... irgendwie nicht menschlich, ja, es lässt einem das Blut in den Adern gefrieren.

Sie: Wie meinst du das?

Er: Du klingst wie diese Schabrackenhyäne, die wir damals auf der Safari im Krüger-Nationalpark gehört haben. Nur mit Erkältung.

Sie: Was für eine Unverschämtheit!

Er: Moment, das ist noch nicht alles: Beim Luftholen nämlich, da grunzt du.

Sie: Ich grunze? Du spinnst ja.

Er: Aber nein, wie ein Ferkel *(imitiert ein Grunzgeräusch)*!

Sie: Das ist nicht wahr!

Er: Und ob das wahr ist.

Sie: Das werden wir gleich haben. Herr Ober! Würden sie mir wohl einen Gefallen tun und mal einen Moment zuhören? *(Sie räuspert sich und legt eine Hand auf ihr Brustbein:)* Ha, ha, ha! Na, fällt Ihnen etwas auf?

Kellner: Entschuldigung? Ich verstehe nicht ...

Sie: Moment, ich muss erst ein wenig in Schwung kommen: Ha, ha, haaaaa! *(Sie beugt sich vor und zurück, klopft sich dabei auf* *die Oberschenkel. Die Leute an den benachbarten Tischen halten inne und drehen sich neugierig zu ihr um.)* Und, irgendetwas ungewöhnlich an meinem Lachen?

Kellner: Nun ja, schwer zu beurteilen, es wirkt etwas gekünstelt.

Sie: Und sonst? Klingt mein Lachen irgendwie unmenschlich, vielleicht wie das eines bestimmten Tieres?

(Der Kellner schaut verstört erst sie, dann ihn an und entfernt sich wortlos vom Tisch.)

Sie: Siehst du? Alles normal.

Er: Ja, weil du nicht wirklich lachen musstest. Aber wenn du es nicht mehr unter Kontrolle hast, dann ist was los!

Sie: Wann bitte hatte ich mein Lachen nicht mehr unter Kontrolle?

Er: Weißt du noch damals, als Hubert diese Geschichte von den beiden alten Männern erzählt hat?

Sie: Du meinst von dem Dicken und dem Einbeinigen in der Sauna?

Er: Ja, genau die!

Sie *(hält sich die Hand vor den Mund und beginnt in sich hinein zu röcheln):* Hör sofort auf damit!

Er: Erinnerst du dich noch, wie die beiden hießen?

Sie *(holt grunzend Luft):* Das ist unfair!

Er: Und wie die Tür von der Sauna aufging und plötzlich ein Dritter, als Pfannkuchen verkleidet …

(Sie bricht in wieherndes Hyänengelächter aus, unterbrochen von grunzenden Atemgeräuschen. Sämtliche Gespräche im Lokal verstummen, alle Blicke sind auf sie gerichtet.)

Er: Na, glaubst du mir jetzt?

Sie *(zwischen zwei Lachern):* Ich hasse dich *(grunzt)*!

Er: Und weißt du was? Ich liebe dein beschwipstes Lachen, auch wenn es entsetzlich klingt. *(Grinsend teilt er die restliche Serviette in zwei Stücke und stopft sie sich in die Ohren. Als sie ihn ansieht, verschluckt sie sich vor Lachen, so dass zu den Wieher- und Grunzlauten auch noch Husten hinzukommt. Der Kellner kommt an den Tisch.)*

Kellner: Könnten Sie sich bitte etwas zusammenreißen? Die anderen Gäste fühlen sich gestört.

(Sie hält ihre Serviette vor den Mund, er bezahlt eilig. Als sie hinausgehen, eilt ihnen der Kellner nach.)

Kellner: Übrigens: Jetzt weiß ich, was Sie vorhin meinten!

(Sie drehen sich um und schauen ihn fragend an.)

Kellner: Das Tier, jetzt habe ich es erkannt! Es war eine Bergziege, richtig?

Beide: Unverschämtheit, verschwinden Sie!

Kellner: Dann vielleicht ein balzender Truthahn? *(Ruft ihnen hinterher:)* Ach, kommen Sie schon!

(Der Kellner geht zurück ins Lokal und grübelt laut vor sich hin:)
Ob es vielleicht doch eine Hyäne war? Aber nein. Wenn, dann eine mit Erkältung.

Wisch, wisch und weg

Wenn das Handy zum Störfaktor wird: Während er angeblich nie erreichbar ist, verschmilzt sie zunehmend mit ihrem Smartphone.

Ihr Handy läutet, sie geht beim ersten Klingeln ran. Er ist dran und wirkt etwas aufgelöst.

Er: Ich bin's, was ist passiert? Wurdest du überfallen, hattest du einen Unfall?

Sie: Unfall? Aber nein, ich bin im Büro. Wie kommst du denn darauf?

Er: Ich habe hier acht Anrufe in Abwesenheit von dir auf dem Display stehen. Hätte es einer nicht auch getan?

Sie: Ich versuche ja auch seit Stunden, dich zu erreichen. Wenn du nie zurückrufst ...

Er: Ich war in einer Besprechung. Da macht es keinen Unterschied, ob du es einmal oder acht Mal versuchst. Was gab es denn überhaupt so Dringendes?

Sie: Hm, das weiß ich jetzt gar nicht mehr.

Er: Wie bitte? Und dafür der ganze Aufstand?

Sie: Hättest du gleich zurückgerufen, hätte ich es noch gewusst. Das Problem ist eigentlich, dass du gar nicht erreichbar sein willst. Egal, wann ich anrufe, nie gehst du ran! Entweder du steckst in einem Funkloch oder im Meeting. So was ist doch nicht normal!

Er: Nein, du bist nicht normal. Weißt du, was du bist? Eine verdammte Telefonterroristin!
Sie: Quatsch. Ich habe einfach nur ein inniges Verhältnis zu meinem Handy, im Gegensatz zu dir. Ich kenne wirklich keinen Menschen, der sich so wenig um sein Telefon kümmert.
Er: Ein Telefon ist doch kein Tamagotchi! Du klingst, als hätte ich mein Haustier vernachlässigt. Oder unsere Topfpflanzen..
Sie: Oh, da klopft jemand an. Sekunde, ich lege dich kurz in die Warteschleife.
Er: Moment mal, stopp! Ich muss gleich weiter ins ..... so ein Mist. *(Er wartet eine Weile, bis er merkt, dass sie ihn offenbar vergessen hat):* Äh ... also, ich leg dann mal auf. Bis später.

Abends treffen sie sich in der Wohnung. Sie steht in der Küche und wischt auf ihrem iPhone herum.
Er: Sag mal, wie machst du das eigentlich tagsüber, im Büro? Kommst du überhaupt noch zum Arbeiten?
Sie: Was? Ach, hallo, Schatz.
Er *(wirft einen Blick in den Kühlschrank):* Sollen wir kochen oder uns eine Pizza bestellen, was meinst du?
(Ping! Eine neue Statusmeldung ist eingetroffen. Als er sich umdreht, lehnt sie mit dem Rücken an der Wand, lächelt versonnen ins Display und tippt Botschaften ein.)
Er: Sag mal, wem schreibst du denn da?
Sie: Oooh, wie süß! Sven hat einen Hundewelpen aus dem Tierheim gerettet, guck mal.
Er: Sven? Wer ist das?
(Sie tippt weiter und wischt eifrig übers Display.)

Er: Weißt du, woran du mich erinnerst?

(Ping! Wieder eine neue Statusmeldung.)

Sie: Brutus! Der kleine Hund heißt Brutus, ist das nicht zum Schießen?

Er: ... an einen Fötus, der mit seiner Nabelschnur spielt. Ist dir eigentlich klar, dass du aussiehst, als wärst du mit deinem Smartphone verwachsen?

Sie: Ich muss schnell noch 'ne WhatsApp an Antonie schicken, wegen morgen.

Er: Ich fasse es nicht. Meine Frau mutiert zu einem Telefonhaltegestell.

Sie: Entschuldige, hast du eben was von Essen gesagt? Pizza wär toll! Ich schau nur noch schnell, wie das Wetter morgen wird.

Später am Abend liegen sie nebeneinander im Bett, das heißt: Er liegt, sie sitzt und wischt.

Er: Ich weiß schon gar nicht mehr, welche Farbe dein Gesicht hat, weil ich es nur noch im bläulichen Schein der Display-Beleuchtung sehe.

Sie (*tippt kurz die Taschenlampen-App an, leuchtet sich damit ins Gesicht und schaut ihn an):* Zufrieden?

Er: Was hat das Ding eigentlich, was ich nicht habe?

Sie: Es ist schlank, smart und immer auf dem neuesten Stand – nee, ich mach nur Spaß. *(Sie öffnet eine Klatschseite.)* Wusstest du zum Beispiel, dass Frauen mit breiten Hüften eher zu One-Night-Stands neigen als ...?

Er: Wozu muss ich so etwas wissen, wenn ich neben einer Frau mit perfekt geschwungenen Hüften liege, die zu sexueller

Enthaltsamkeit neigt, weil sie lieber an ihrem Handy fummelt.
Sie: ... und dass, wenn man mit dem rechten Fuß im Uhrzeigersinn Kreise in der Luft zeichnet und gleichzeitig mit der Hand eine Sechs in die Luft schreibt, sich automatisch die Drehrichtung des Fußes ändert? *(Sie hebt das rechte Bein, kreist mit dem Fuß und versucht dabei, mit der freien Hand eine Sechs in die Luft zu zeichnen.)*
Er: Es genügt mir völlig, deinen Dreh- und Wischbewegungen zu folgen, um zu erkennen, dass sich bei dir im Kopf etwas gewaltig verändert.
Sie: Dass du immer so übertreiben musst ...
Er: Außerdem piept es bei dir ständig. Sogar nachts, neben dem Bett. Als wären die Belanglosigkeiten, die deine Freunde posten, Eilmeldungen von nationaler Bedeutung.
(Wie zur Bestätigung piepst in dem Moment ihr Handy.)
Er: Lass mich raten: Harry will uns nicht vorenthalten, dass ihm soeben das Klopapier ausgegangen ist. Oder ist es diesmal Yvonne, die einfach nur all ihren Freunden Gute Nacht sagen will?
(Er beugt sich zu ihr hinüber, fingert nach ihrem Smartphone und reißt es ihr aus der Hand.)
Sie: Gib das sofort zurück, spinnst du?
Er *(steigt aus dem Bett und läuft auf die andere Seite des Zimmers, sie springt hinterher. Während sie versucht, ihm ihr Handy abzujagen, hält er es hoch und liest den Tweet eines gewissen @hellsbagel, der soeben von einer Kneipentour zurückgekehrt ist, laut vor):* „selten so über ein altes salamibrot gefreut, das noch immer neben meinem bett liegt – yummi!“
Er: Und, was hab ich gesagt?

Sie: Zufall! Von dem wollte ich mich ohnehin längst entfreunden!

Er: Ach ja? Gut, warten wir eben auf die nächste ...

Sie (*schnappt sich das Handy und dreht sich weg*): Okay, okay, ich mach's ja schon aus.

Während sie auf dem Bettrand sitzt und ein paar Tasten drückt, geht er auf die Toilette. Als er durch die Diele geht, piepst sein Handy in der Manteltasche. Er holt es heraus und liest die Nachricht, die sie gerade geschickt hat:

„Ich wollte dir nur sagen: Wenn du diese Nachricht liest, habe ich bereits abgeschaltet."

(Er schüttelt den Kopf, verdreht die Augen. Da piept es noch mal:)

„PS: Was hattest du noch mal über meine Hüften gesagt?"

Es ist einzig und allein der Dreck,
der hier die Vorgaben macht, nicht ich.

Ich sehe keinen Dreck

Zwischen keimfreier Zone und Mikrobenaufzuchtstation: In Sachen Sauberkeit und Ordnung sind Frauen und Männer häufig geteilter Meinung.

Sie hängt gerade ihren Mantel an die Garderobe und beobachtet ihn dabei, wie er mit suchendem Blick am Sideboard auf- und abtigert. Er hebt vorsichtig Papierstapel an, bückt sich schließlich und fixiert seitlich die Oberfläche des Möbelstückes.

Er: Hast du hier sauber gemacht?

Sie: Warum der vorwurfsvolle Ton? Ja, allerdings habe ich hier sauber gemacht. Mal wieder. Wie immer. Immer ich.

Er: So ein Mist. Sie ist weg.

Sie: Was ist weg, was meinst du?

Er: Die PIN von meiner neuen EC-Karte.

Sie: Also ich habe nichts weggeworfen, da bin ich sicher.

Er: Aber du hast offensichtlich das Sideboard abgewischt. Und nun ist sie weg.

Sie: Da war aber kein Zettel!

Er: Es handelt sich auch nicht um einen Zettel, den Brief mit der PIN finde ich schon lange nicht mehr. Deshalb hatte ich sie sicherheitshalber in den Staub geschrieben, bevor ich sie vergessen konnte.

Sie: Du hast was?

Er: Na ja, ich hatte gerade keinen Stift zur Hand. Ich konnte doch nicht ahnen, dass du hier wieder gleich sämtliche Spuren von mir verwischst.
Sie: Und ich konnte nicht ahnen, dass du irgendwelche Botschaften in den Dreck kratzt. Soll ich mich auch noch dafür entschuldigen, dass ich hier mal ab und zu sauber mache?
Er: Du könntest mich zumindest vorwarnen.
Sie: Also bitte! Sooo überraschend war das auch wieder nicht. Die Staubschicht war fingerdick. Sonst hättest du nicht deine Notizen darin hinterlassen können.
Er: Sooo dick war sie auch wieder nicht ...
Sie: Meinst du vielleicht, ich putze, weil es mir so viel Spaß macht? Ich mache das nur, weil du es nicht machst!
Er: Ich würde ja sauber machen. Aber dann, wenn ich es für richtig halte. Nicht, wenn dir gerade danach ist.
Sie: Es ist einzig und allein der Dreck, der hier die Vorgaben macht – nicht ich.
Er: Aber du lässt dich von ihm unter Druck setzen, das könnte mir nie passieren.
Sie: Bis du dich mal bequemst, hier sauber zu machen, sind wir hier im Schmutz versunken.
Er: Siehst du, genau das ist dein Denkfehler! Würdest du nur endlich einmal lange genug warten, kämst du auch mal in den Genuss meiner Hausarbeit. Aber so schnell kann ich gar nicht sein, da warst du immer schon da.
Sie: Ach ja? Und wann hast du das letzte Mal den Staubsauger in der Hand gehabt – weißt du überhaupt, wo wir ihn aufbewahren?
Er: Das weiß ich sehr wohl. Erst kürzlich zum Beispiel hätte ich im

Schlafzimmer um ein Haar gesaugt. Wenn da nicht überall deine Kleiderberge herumliegen würden. Wo man hinschaut: Häufchen, nichts als Häufchen. Auf dem Stuhl, am Fußende des Bettes, sogar auf der Kommode. Selbst an der Schranktür hängen Klamotten. Eigentlich müsste dein Schrank leer sein.
Sie: Ist er aber nicht. Er ist perfekt gefüllt. Genau darauf basiert das komplette Prinzip. Ein Teil meiner Garderobe muss sich draußen befinden und bewegt sich über ein ausgeklügeltes System von Zwischenstationen zurück in den Kleiderschrank.
Er: Was willst du damit sagen – dass du zu viele Klamotten hast?
Sie: Nein, dass mein Schrank zu klein ist. Nur dank meines Häufchensystems gelingt es mir, dieses Problem in Schach zu halten.
Er: Ich sehe hier nur Chaos.
Sie: Aber nein, ich kann es dir beweisen! Schau: Die Sachen auf dem Bett sind meine Wohlfühlklamotten, die liegen da nur, bis ich von der Arbeit komme, weil ich sie abends anziehe. Was auf der Kommode liegt, muss ausgebessert werden oder es fehlen Knöpfe. Auf den Stuhl lege ich getragene Kleidungsstücke, die ich noch mal anziehen kann.
Er: Und das Häufchen auf der Waschmaschine?
Sie: Das gehört in die Wäsche.
Er: Warum tust du es dann nicht in den Wäschekorb?
Sie: Das ist Feinwäsche, die darf sich nicht mit dem Rest vermischen. Dann wirfst du es wieder mit dem Rest zusammen in die Maschine, und alles ist kaputt.
Er: Aha, dann gibst du also immerhin zu, dass ich unsere Wäsche wasche?

Sie: Ich gebe gar nichts zu.

Er: Und was ist mit dem Zeug auf dem Fensterbrett?

Sie: Hm, das kenne ich nicht. Sieht aus wie deine Jogginghose.

Er: Ach, die suche ich schon seit Ewigkeiten *(hebt sie hoch).* Oh! Der Brief mit der PIN. Er war die ganze Zeit unter der Jogginghose.

Sie: Das kommt davon, wenn man zu selten Sport macht.

Er: Aber nein. Das kommt davon, wenn man Häufchenbildung ohne System betreibt. Also, wo kommen nochmal die Wohlfühlklamotten hin?

Sie: Oh nein – bitte nicht!

Das ist mal wieder typisch:
Nur keinen Ärger mit Mutti riskieren.

Das Ding muss weg

Das Urlaubsmitbringsel der Schwiegereltern ist eine Zumutung. Er setzt auf Diplomatie, sie hält ihn für feige.

Gerade verabschieden sich die Schwiegereltern, die kürzlich aus dem Thailand-Urlaub zurückgekehrt sind. Sobald die Tür sich schließt, geht sie ins Wohnzimmer und stellt sich mit verschränkten Armen vor ein bizarr anmutendes Gemälde, das an der Wand lehnt.

Sie: Mein Gott, ist das übel. Sieht aus, als hätte es ein Schimpanse mit seinem linken Fuß gekleckst.

Er: Das war ein Elefant. Und er hat es mit seinem Rüssel gemalt. Sagt meine Mutter.

Sie: Wie auch immer. Ab damit in den Keller.

Er: Meinst du nicht, wir können es vorerst hinter der Tür aufhängen? Dann sticht es nicht so ins Auge.

Sie: Bist du irre? Ich werde nicht eine Nacht unsere Wohnung mit dieser Abscheulichkeit teilen. Schlimm genug, dass du es überhaupt angenommen hast!

Er: Wir könnten das Bild hinter die Couch schieben und wenn sie kommt, auf unser Sideboard stellen.

Sie: Das ist mal wieder typisch: Nur keinen Ärger mit Mutti riskieren.

Er: Was soll ich ihr denn sagen?

Sie: Na, die Wahrheit: Dass unsere Wohnung kein Sammellager für billigen Kitsch ist.
Er: Wie stellst du dir das vor?
Sie: Herrgott, du bist 43 Jahre alt! Kannst du dich noch immer nicht gegen sie durchsetzen?
Er: Hier geht es doch nicht darum, sich durchzusetzen. Es geht um Rücksicht. Und um Taktgefühl.
Sie: Ich nenne so etwas Feigheit. Und Rücksicht nimmst du schon gar nicht, jedenfalls nicht auf mich.
Er: Jetzt tu doch nicht so, als wärst du anders! Die Freude, wenn deine Nichte dir ein Bild malt, ist doch auch nur geheuchelt. Und wie entzückt du getan hast, als sie dir diese selbst getöpferte Schreibmaschine geschenkt hat – wenn sie es nicht erklärt hätte, würde ich heute noch denken, auf deinem Schreibtisch liegt ein mumifizierter Hundehaufen.
Sie: Meine Nichte ist vier! Sie würde nicht verstehen, warum ich mich nicht freue, wo sie sich doch so viel Mühe gegeben hat.
Er: Siehst du? Und genau so ist es mit meiner Mutter.
Sie: Dass ich nicht lache! Das Zeug ist der reinste Plunder, und sie weiß das. Die macht sich einen Spaß daraus, zu sehen, wie du dich windest. Und du bedankst dich auch noch brav, statt dich zu wehren. Mit dem Ergebnis, dass sie jedes Mal, wenn sie aus dem Urlaub kommen, eine andere Geschmacklosigkeit anschleppt.
Er *(lässt seinen Blick über die Regale schweifen, in denen Teelichter, Quarzsteine, Vasen und Kerzenleuchter stehen):* Ich finde ja, dass hier auch so schon genug Kram herumsteht. Und der ist eindeutig nicht von meiner Mutter.

Sie: Also bitte, das sind Accessoires. Die machen den Raum wohnlicher. Im Gegensatz zu diesem sinnlosen Quatsch, der unsere Wohnung verunstaltet. Vergangenes Jahr war es ein Zimmerbrunnen. Davor ein schielendes Plüsch-Opossum aus dem Leipziger Zoo. Ganz zu schweigen von der blinkenden Gondel aus Venedig.
Er: Aber die Pilgerwurst aus Marktl am Inn war nicht schlecht, hast du selbst gesagt. Erinnerst du dich?
Sie: Nur, weil man sie aufessen konnte.
Schweigen.
Er: Das Bild ist wirklich furchtbar.
Sie: Mit Abstand das Scheußlichste, was deine Eltern jemals mitgebracht haben.
Er: Noch schlimmer als der Wandteller aus Madrid.
Sie: Du meinst den mit der Flamencotänzerin, die einen echten Stoffrock trägt?
Er: Genau. Wo ist der eigentlich?
Sie: Habe ich damals gleich in die Spülmaschine gesteckt. Es sollte nach einem Unfall aussehen.
Er: Also wirklich. Du bist unmöglich.
Sie: Ich fürchte, dieses Bild wird ein ähnliches Schicksal ereilen.
Er: Und was soll ich ihnen sagen, wenn sie uns nächstes Mal besuchen?
Sie: Erzähl meinetwegen, ein Kunsthändler hätte es dir abgeschwatzt. Oder man hätte bei uns eingebrochen und es entwendet.
Er: Das glaubt sie mir nie.
Sie: Siehst du? Jetzt gibst du es endlich zu: Sie weiß es auch.

Auf welcher Seite möchtest du liegen?

Urlaub, Teil 1: Im Urlaub hat man endlich Zeit – Zeit für Streit. Weil man auch unbekannte Seiten des anderen kennenlernt, die im Alltag oft verborgen bleiben.

Es soll ja Menschen geben, die nicht verstehen, wie man sich im Urlaub, unter Palmen, Sonne und dem Einfluss von Sangria in die Haare kriegen kann. Aber wann denn sonst? Wann hat man schließlich die Gelegenheit, den anderen rund um die Uhr in all seinen Facetten zu erleben, vor allem in den schrecklichen? Allein die Frage, wer auf welcher Seite des Bettes schläft, verrät oft mehr über den Charakter des Partners als einem lieb sein kann.

Er: Auf welcher Seite möchtest du liegen, mein Schatz?

Sie: Das ist mir ganz egal.

Er *(steuert auf eine Seite des Bettes zu, hievt seinen Rucksack von den Schultern):* Gut, mir auch.

Sie: Vielleicht am Fenster?

Er *(schnaubt, beginnt, den Rucksack quer durchs Zimmer zu schieben):* In Ordnung, dann lege ich mich an die Wand.

Sie: Obwohl ... das fühlt sich irgendwie ungewohnt an. Zuhause liege ich ja eigentlich immer auf der linken Seite.

Er: Dann nehme ich die Fensterseite, wenn du nichts dagegen hast.

Sie: Aber woher denn.

(Beide legen sich auf das Bett, erschöpft von der langen Anreise. Kurz herrscht Ruhe. Dann:)

Sie: Es ist ja auch viel schöner, wenn man vom Bett aus aufs Meer sehen kann, oder? Man hat gleich beim Aufwachen so ein Urlaubsgefühl.

Er: Ja. Wirklich toll.

Sie: Das ganze Zimmer wirkt von der Fensterseite aus viel heller.

Er: Findest du? Ich merke nichts.

Sie: Aber ja! Abgesehen davon ist es auch viel praktischer für dich, außen zu liegen. Dann musst du nicht vom Fußende aus ins Bett krabbeln.

Er: Könnte es sein, dass du doch lieber die Fensterseite willst?

Sie: Hmm. Schon schön, dieser Blick.

Er: Na komm schon, wir können gern noch mal tauschen.

Sie: Allerdings müsstest du das Fenster schließen. Du weißt ja, ich bin doch so empfindlich gegen Zugluft.

Er: Wenn du darauf bestehst.

(Er schließt das Fenster, dann werden die Seiten getauscht.)

Sie: Kann es sein, dass die Matratze auf dieser Seite etwas härter ist?

Er: Härter?

Sie: Ja, vor allem in der Mitte. Und oben am Kopfende ist eine Mulde.

Er *(rutscht ein Stück zu ihr):* Lass mich mal fühlen. Nein, ich merke nichts.

Sie: Findest du denn nicht, dass ich irgendwie abwärts liege? Nicht, dass mir nachts das Blut in den Kopf steigt.

Er *(leicht genervt):* Ich könnte mich natürlich auch an der

Rezeption erkundigen, ob sie noch eine Prinzessinnen-auf-der-Erbsen-Matratze und ein atmosphärisch neutrales Sauerstoffzelt für dich vorrätig haben.
(Sie blickt ihn entrüstet an, dann liegen beide schweigend da.)
Er *(versöhnlich):* Also was jetzt – doch die andere Seite?
Sie: Hm. Wenn nur diese Blutflecke von den Mückenleichen an der Wand nicht wären. Und was ist das überhaupt für ein dunkler Schatten an der Decke?
Er: Weißt du was? Am besten, ich suche mir ein eigenes Zimmer. Dann kannst du in der Mitte schlafen.

Sehr schön, die Nerven liegen also bereits blank, bevor der Urlaub richtig angefangen hat. Nicht von ungefähr geht jeder dritten Scheidung, so heißt es, eine gemeinsame Reise voraus. Während die erste gemeinsame Nacht für eine Beziehung von großer Bedeutung sein kann, ist die erste Nacht im gemeinsamen Hotelzimmer eine echte Belastungsprobe. Das beginnt schon mit den überdimensionalen Gemeinschaftslaken: Zwar sollen die für Hotelzimmer typischen Zudecken den Kuschelfaktor erhöhen. Das funktioniert aber nicht, wenn sie das Tuch als Mückenschutzzelt missbraucht und sich wie eine Mumie darin einwickelt. Vor allem, wenn sie selig darunter rüsselt, während er, mit nichts als einer Badeschlappe bewaffnet, einen blutigen Kampf gegen die stichwütige Pest ausficht.

Ich hab schon Druckstellen!

Urlaub, Teil 2: Steinhaufen besichtigen oder am Strand gammeln, Schmökern oder Sonnenstich? Was der Partner unter Erholung versteht, wird oft erst im Urlaub klar. Zweiter Akt eines sommerlichen Beziehungsdramas.

Sie erscheint in den kommenden Tagen wunderbar ausgeschlafen zum Frühstück. Er, rotgeäderte Augen und mit Mückenstichen übersät, sitzt dann bereits am Tisch. Vormittags geht es an den Strand: endlose Reihen von Liegestühlen, Meeresrauschen, Kindergeplärr. Beide unter dem Schirm, erste Reihe. Er präsentiert wie der personifizierte Vorwurf seinen zerstochenen Körper, starrt verdrießlich vor sich hin und verströmt die Botschaft „Bin gegen meinen Willen hier!" Sie verschanzt sich sicherheitshalber hinter einem dicken Wälzer, schlürft genüsslich eine Limonade und versucht, sich zu entspannen. Doch seine miese Laune ist nur schwer zu ignorieren.

Er: Hmmmmmmm.

(Sie – regt sich nicht.)

Er: Pffffffffffffffffft.

(Sie – schaut beharrlich in ihr Buch.)

Er: Boaaaaaah.

Sie *(gibt auf und legt genervt ihr Buch zur Seite):* Ok, was ist los?

Er: Mir ist langweilig.

Sie: Na, dann lies doch was.
Er: Aber ich tue doch nichts anderes! Sogar einen von diesen miesen Psychothrillern aus der Bücherecke des Hotels habe ich gelesen. Nur, weil du mich Tag für Tag an den Strand schleppst.
Sie: Also hör mal! Die erste Woche haben wir bei schönstem Sonnenschein düstere Kirchen besichtigt und uns durch irgendwelche Steinansammlungen gequält. Ich für meinen Teil brauche jetzt erst einmal Entspannung.
(Er – seufzt demonstrativ und wischt sich den Schweiß von der Stirn. Sie – starrt verkrampft in ihr Buch, die Miene verdüstert sich.)
Er: Wenn ich nur diese Horden halbnackter Leute sehe – das ist doch nicht entspannend! Den ganzen Tag wie scheintot am Strand herumliegen und vor sich hinschwitzen. Wie hältst du das nur aus?
Sie: Indem ich es genieße. Du siehst das alles viel zu negativ.
Er *(wälzt sich hin und her, schaut sich um. Schließlich springt er auf und zeigt auf seinen Arm):* Siehst du? Ich habe schon Abdrücke vom Liegestuhl in meiner Haut – da, wo zwischen den Mückenstichen noch Platz war.
Sie: Das kommt davon, dass du kein Handtuch unterlegst.
Er *(wölbt die Schultern nach vorne und macht einen Buckel):* Findest du nicht, dass mein Körper bereits die Form der Liege angenommen hat?
Sie: Jetzt übertreibst du aber.
Er *(hebt ein Bein und zeigt mit dem Finger darauf):* Und guck mal hier! Deinetwegen hab ich mir sogar einen Sonnenbrand am Schienbein geholt, siehst du?

Sie: So so, und daran ist vermutlich mein kulturelles Desinteresse schuld. Hab ich dir nicht gesagt, du sollst dich eincremen?
Er *(schlüpft in Shorts und T-Shirt):* Ich muss hier weg.
Sie: Wo willst du denn hin, jetzt in der Mittagshitze?
Er: Ich werde eine Runde durchs Dorf drehen.
Sie: Da gibt es doch nichts zu sehen!
Er: Wenn man einen Blick für Details hat, sieht man überall schöne Dinge. Ich brauche jetzt unbedingt ein bisschen Ästhetik und Kulturgeschichte um mich herum.
Sie: Was du brauchst, ist ein Sonnenhut.

Nach zwei Stunden kommt er angeschlichen, der Kopf rot wie eine Tomate. Er taumelt ein wenig. Gesehen hat er eine häkelnde Greisin, die vor ihrem Haus saß. Und ein paar streunende Katzen. Ohne ein Wort lässt er sich auf dem Liegestuhl nieder.

Sie *(wirft einen genervten Blick über den Rand ihres Buches zu ihm hinüber und erschrickt):* Mein Gott, wie siehst du denn aus – du bist ja ganz verbrannt!
Er: Ich hätte es wissen müssen: Die haben hier keinerlei Sinn für Kultur.

Und ich hätte mir ein Restaurant gewünscht, das zu meiner Hose passt.

Sind wir hier im Dschungelcamp?

Urlaub, Teil 3: Er trägt im Lokal Cargohosen und bestellt „Knotschis“ – sie schmachtet die chauvinistischen Kellner an. Jetzt hilft nur noch eines: Versöhnungssex. Dritter und letzter Akt.

Inzwischen ist es beinahe geschafft, doch ein paar Tage muss das Paar noch bewältigen. Die Stimmung gleicht dem Turm von Pisa – sie kann jederzeit kippen. Jetzt hilft nur noch eines: ein romantischer Abend. Und Essen, hoffentlich.

Er *(reckt den Hals und versucht, den Kellner durch hektisches Wedeln mit der Speisekarte auf sich aufmerksam zu machen):* Hallo?

(Sie versteckt sich hinter der Speisekarte.)

Er: Haaallooo!

Sie *(lugt an der Speisekarte vorbei zu ihm hinüber):* Könntest du vielleicht die Hand wieder einziehen und warten, bis der Kellner in unsere Nähe kommt? Das ist ja peinlich.

Er: Könntest du vielleicht aufhören, die ganze Zeit an mir herumzumeckern? Ich bin im Urlaub.

Sie: Ich auch. Und ich kann mich nicht erholen, wenn du dich so aufführst.

Er: Warum ärgerst du nicht diese schnöseligen Tabletträger, wenn du schon jemanden brauchst, auf dem du herumhacken kannst?

Sie: Du bist immer so negativ! Dabei sind die so nett. Und so fesch! *(Winkt einem der Kellner zu.)*
Er: Du sollst ihn heranwinken, nicht ihm zuwinken. Brauchst dich gar nicht so anzubiedern bei diesen miesepetrigen Machos.
(Endlich kommt der Kellner. Sie bestellen.)
Sie: Du hast es schon wieder getan! Kannst du dir das nicht endlich merken? Das heißt Gnocchi („Njokki"), nicht Knotschis. Und ich dachte, du interessierst dich so für die Kulturgeschichte des Landes!
Er: Du musst gerade reden – Pizza Hawaii, also echt.
Sie: Na und, so habe ich zumindest ein bisschen das Gefühl von Exotik. Mit dir und deiner Flugangst kommt man ja nirgends hin ...
Er: Ich weiß gar nicht, was du immer hast. Ist doch schön hier! Tropische Schwüle ist sowieso nicht gut für den Kreislauf.
Sie: Tja, wie man sich täuschen kann. Bei deinen Klamotten könnte man meinen, du wärst auf großer Expedition oder würdest sekündlich mit einer Einladung ins Dschungelcamp rechnen.
Er: Was willst du damit sagen?
Sie: Na, diese schrecklichen Cargohosen! Ich begreife wirklich nicht, warum du die Dinger in jedem Urlaub wieder ausgräbst.
Er: Weil sie praktisch sind.
Sie: Entschuldige mal, machen wir Ferien auf der Baustelle? Wir sitzen hier in einem Restaurant. Ich hätte mir gewünscht, du trägst zur Abwechslung mal etwas, das zu einem romantischen Essen passt.

Er: Und ich hätte mir ein Restaurant gewünscht, das zu meiner Hose passt.
Sie: Siehst du? Und da wunderst du dich, dass ich aus lauter Verzweiflung Pizza Hawaii bestelle!
Er: Mir langt's. Wo bleibt nur dieser nichtsnutzige Kellner? Olá! Äh, Scusi! Pagare, aber presto!
Sie: Oh mein Gott. Wie peinlich.

Spätestens jetzt geht es ans Eingemachte: Grundsatzdebatten von „Niehastdu" bis „Immermusstdu" werden am Strand weitergeführt, außer Hörweite der anderen Gäste. Nun heißt es: Aufgeben oder Notfallprogramm – was tun? Wenn nichts mehr geht: Versöhnungssex hilft immer.

Sie liegen eng umschlungen hinter einem Boot am Strand. Auf einmal ertönt die Stimme eines Carabiniere aus dem Dunkeln, der sich mit verschränkten Armen vor ihnen aufbaut:
„Signori, was wird das? Haben Sie kein Hotelzimmer?"
(Hektisches Zusammenraffen, er bedeckt sich notdürftig mit den Händen.)
Carabiniere: „Das kostet 300 Euro."
Sie *(zeigt plötzlich auf ihn):* Dieser Mann hat mich belästigt!
Er: Sag mal, spinnst du?
Sie: Bitte, nehmen Sie ihn mit, ich flehe Sie an! Wenigstens für ein paar Nächte, bis ich mich von ihm erholt habe.
Carabiniere: Ah, verstehe. Ehepaar auf Urlaub.
Er: Urlaub würde ich das nicht nennen ...
Sie: Halt bloß die Klappe!

Carabiniere: Wollen Sie einen Rat? Steigen Sie ins Auto und fahren Sie nach Hause, so lange Sie noch können.
Er: Nichts lieber als das. Aber die verdammte Brandung hat meine Hose weggespült.
Sie: Die Cargohose? Danke, lieber Gott, danke!

Ihr Mann hat den Kollegen an der Käsetheke mit einem Stück laktosefreiem Gouda beworfen, weil er gefragt wurde, ob er an einer Intoleranz leide.

Seit wann ist in Nudeln Milch?

Beim Lebensmittelkauf gehen die Meinungen öfter mal auseinander. Sie legt Wert auf bio, er mag es schnell und günstig.

Sie kommt in die Küche, öffnet den Kühlschrank und sucht nach etwas Essbarem.
Sie: Huch, was ist das denn – Salatsoße aus der Flasche, Wurst in der Packung? Jedes Mal, wenn du einkaufen warst, ist unser Kühlschrank vollgestopft mit Plastikverpackungen und Fertiggerichten. Allein diese Wurst, die ist total ungesund! Weißt du überhaupt, was da alles drin ist? *(Sie liest aus der Zutatenliste vor:)* Nitritpökelsalz! Geschmacksverstärker! Konservierungsstoffe! Und Farbstoff! Warum kaufst du immer diesen Schrott? Willst du uns vergiften?
Er: Das ist kein Schrott. Das ist praktisch. Und außerdem um einiges günstiger als dein Biozeug. Wenn ich mit ansehen muss, wie du Woche für Woche unser Haushaltsgeld in den Bioladen trägst, treibt es mir die Tränen in die Augen. Ich habe das Gefühl, unsere Ersparnisse verschwinden in einer Art Wurmloch. Die reiben sich bestimmt jedes Mal die Hände, wenn du mit deiner Jutetasche um die Ecke kommst.
Sie: Verstehst du denn nicht? Es geht hier um unsere Gesundheit! Das sollte keine Frage des Geldes sein. Ich rette

dich vor Allergien, wenn nicht gar vor Darmkrebs und noch Schlimmerem! Aber du bist ja schon aus Prinzip gegen alles, was im Verdacht steht, gesund zu sein.
Er: Das ist eine hundsgemeine Unterstellung. Im Gegensatz zu dir bin ich nämlich äußerst tolerant, was Essen angeht. Wegen mir darf es auch gerne mal was Gesundes sein, hab ich kein Problem damit! Und das werde ich dir jetzt beweisen! Ich werde, ohne mit der Wimper zu zucken, unsere Altersvorsorge in mondumtanztes Mineralwasser und biologisch-dynamisches Himalayasalz investieren. Nur, damit du zufrieden bist. Schau! *(Schnappt sich die Jutetasche und wedelt damit vor ihrer Nase herum)* Ich nehme sogar diesen dämlichen Beutel mit.
Sie: Na prima, da wünsche ich viel Spaß. Und du bist sicher, dass ich nicht mitkommen soll?
Er schüttelt wild entschlossen den Kopf. Dann rollt er den Jutebeutel zu einer Wurst, steckt ihn in seine Jackentasche und verlässt das Haus. Nach zehn Minuten läutet das Telefon.
Er: Ich bin's. Ich dachte, wir könnten unser Brot mal selber machen, mit so einer Backmischung. Aber es gibt hier so viele verschiedene Getreidesorten, dass mir schon ganz schwindlig ist! Warte, ich les mal vor: Dreikorn, Vollkorn, Multikorn, Dinkel-Vollkorn, Roggen-Dinkel-Vollkorn, Keimling-Dinkel, Dinkel hell, Roggen, Buchweizen, Kürbiskern, Kamut ... was zum Teufel ist Kamut?
Sie: Nimm einfach Dinkel-Vollkorn.
Er: Alles klar, bis dann.
Es läutet wieder.

Er: Ich bin's noch mal. Einige von den Backmischungen sind glutenfrei – ist das gut oder schlecht?
Sie: Beides. Gut für den Bauch, schlecht für die Form des Brotes. Kommt darauf an, was dir wichtiger ist. Und sonst, kommst du klar so weit?
Er: Absolut. Ich hab's im Griff. Äh ... fällt dir noch was ein, was wir brauchen?
Sie: Gemüsebrühe ist aus.
Nach einigen Minuten läutet es erneut.
Er: Ich glaube, die wollen mich hier auf den Arm nehmen: Auf der Gemüsebrühe steht „vegetarisch". Die andere ist „vegan" – das sollte doch selbstverständlich sein! Soll ich nicht doch lieber Rindsbrühe nehmen? Da weiß ich wenigstens, was drin ist.
Sie: Um Himmels willen, bloß nicht. Nimm am besten die vegane Gemüsebrühe, sicher ist sicher.
Das Telefon.
Er: Ich bin jetzt bei den Nudeln. Da gibt es welche, die sind laktosefrei. Seit wann ist in Nudeln Milch enthalten?
Sie: In Nudeln ist keine Milch.
Er: Wenn keine Laktose drin sein kann, in den Nudeln, dann darf da auch nicht laktosefrei draufstehen, auf den Nudeln. Also, warum steht das dann da?
Sie: Vermutlich, damit Menschen mit Laktose-Intoleranz sicher sein können, dass sie keinen Milchzucker erwischen.
Er: Aber das ergibt keinen Sinn! Ebenso könnte man darauf hinweisen, dass die Nudeln keinen Alkohol enthalten.
Sie: Interessanter Vorschlag, warum fragst du nicht die Verkäuferin? Ach ja: Bringst du noch etwas Käse mit?

Das Telefon.

Er: Wie hältst du das nur aus? Ich stehe hier seit geschlagenen zehn Minuten in der Schlange an der Käsetheke und darf einen Menschen dabei beobachten, wie er ein Brötchen belegt. Hier noch ein Scheibchen Gurke, dort ein bisschen gemahlenen Pfeffer. Und das Beste daran: Ich scheine der Einzige zu sein, den das juckt.

Sie: Das nennt man Service, mein Lieber. In so einem Laden nimmt man sich eben Zeit für seine Kunden.

Er: Der macht mich wahnsinnig! Wie der schon geht – wie in Zeitlupe! Wie kann man mit dieser Einstellung in der offenen Marktwirtschaft bestehen! Hoffentlich geht das später an der Kasse ein bisschen schneller. Ah, endlich. Jetzt bin ich dran. Ich melde mich später.

Kurz darauf klingelt es wieder.

Er: Ich wollte Käse! Einfach nur Käse! Und der will von mir wissen, ob ich Käse mit Kuhmilch möchte, laktosefreien Käse oder doch lieber Ziegenkäse. Was sag ich dem denn jetzt?

Sie: Ganz ruhig bleiben. Nimm einfach einen laktosefreien Gouda.

Es läutet noch einmal.

Sie: Persönliche Einkaufsberatung, was kann ich für Sie tun?

Am anderen Ende meldet sich eine unbekannte Stimme; sie gehört einer Verkäuferin aus dem Biosupermarkt:

Verzeihung, sind Sie die Ehefrau von diesem komischen Kauz?

Sie: Was ist denn passiert?

Verkäuferin: Ihr Mann hat den Kollegen an der Käsetheke mit einem Stück laktosefreiem Gouda beworfen, weil er gefragt wurde, ob er an einer Intoleranz leide. Danach hat er jede einzelne Verkäuferin gefragt, ob in unseren Nudeln auch wirklich kein Alkohol enthalten ist. Außerdem hat er die Backmischungen nach Getreidesorten alphabetisch geordnet. Als es ihm an der Kasse nicht schnell genug ging, hat er sich einen Träger Mineralwasser – Vollmondabfüllung – geholt und ist um ihn herumgetanzt.

Sie: Er hat getanzt?

Verkäuferin: Ja. Anschließend hat er in der Gemüseabteilung randaliert und eine Kundin mit einer Salatgurke bedroht. Am Ende hat er ein bisschen in unser Kräutersortiment geweint. Soeben ist er beim Anblick der biologischen Brotaufstriche zusammengebrochen. Wäre nett, wenn Sie ihn abholen könnten. Das macht keinen guten Eindruck, wenn Sie verstehen.

Im Hintergrund hört man ihn jetzt rufen.

Er: Auf dem Rote-Beete-Aufstrich von Zwergenwiese tanzt die kleine Hildegard von Bingen und schlürft Harmonie-Tee. Schubiduu!

Aber ich hatte doch gar keine Gefühle, jedenfalls keine bestimmten.

Du hast doch was!

Sie löchert ihn mit Fragen. Er möchte einfach nur dasitzen.

Sie: Sag mal, alles okay mit dir?
Er: Ja.
Sie: Sicher?
Er: Sicher.
Sie: Aber du hast doch was!
Er: Nicht, dass ich wüsste.
Sie: Du meinst: nichts, worüber du mit mir sprechen möchtest.
Er: Aber ich spreche doch!
Sie: Ja, aber nur auf Anfrage.
Er: Kann ich nicht einfach nur hier sitzen und ein bisschen vor mich hinstarren?
Sie: Ich weiß nicht, irgendwie macht mich das nervös. Man sitzt doch nicht einfach so da und schaut vor sich hin, du musst doch wenigstens über etwas nachdenken! Belastet dich vielleicht etwas?
Er: Sag mal, willst du mich auf den Arm nehmen?
Sie: Aber nein! Ich werde nur das Gefühl nicht los, dass etwas mit dir nicht stimmt.
Er: Und ich habe das Gefühl, dass ich mich gerade in einem Loriot-Sketch befinde! Ich sage es nochmal: Es ist nichts. Jedenfalls noch nicht.

Sie: Wie meinst du das?

Er: Na, dass ich allmählich schlechte Laune bekomme.

Sie: Siehst du? Sag ich doch.

Er: Was willst du eigentlich von mir? Du behandelst mich, als würde ich unter Verdacht stehen. Habe ich etwa Lippenstift am Kragen? Hast du Waffen in meiner Sockenschublade gefunden?

Sie: Ich mache mir doch nur Sorgen um dich. Ich nehme Anteil an deinem Leben!

Er: Das ist keine Anteilnahme. Was du da tust, läuft unter Verhör im rechtsfreien Raum – die CIA hat so was im Kalten Krieg praktiziert!

Sie: Mein Gott, bist du gereizt. Und du willst mir erzählen, du hast nichts!

Er: Ich gebe zu: Ich bin ein wenig verkatert.

Sie: Stimmt, du warst ja gestern abend noch aus! Und, wie war's?

Er: Nett.

Sie: Was habt ihr gemacht?

Er: Nichts Besonderes.

Sie: Geht's ein bisschen genauer?

Er: Gegessen, getrunken, geredet.

Sie: Und worüber habt ihr geredet?

Er: Das Übliche. Griechenlandkrise, Job, Kinder, Urlaubspläne.

Sie: Oh, erzähl! Wohin fahren Jens und Marlene diesmal – etwa wieder in die USA?

Er: Ich glaube, er hat etwas von Schweden gesagt.

Sie: Dann sind sie mit dem Wohnmobil unterwegs? Nehmen sie die Fähre von Kiel nach Göteborg? Oder fliegen sie nach Stockholm und mieten sich dort in der Gegend ein Ferienhaus?

Er: Keine Ahnung. Was du immer alles von mir wissen willst.
Sie: Ich verstehe gar nicht, wie man so etwas nicht wissen will. Wieso weißt du so was nicht?
Er: Weil er es nicht erwähnt hat. Und ich nicht gefragt habe – ganz einfach.
Sie: Aber sagtest du nicht, ihr habt über eure Urlaubspläne gesprochen?
Er: Haben wir auch. Aber wir haben uns nicht gegenseitig verhört. Und es gab auch keinen Protokollführer. Wir saßen einfach nur gemütlich zusammen und haben Wein getrunken.
Sie: Das tue ich mit meinen Freundinnen auch. Aber anschließend weiß ich trotzdem, ob Tanja wieder einen Freund hat und wo Hannah ihr nächstes Wochenende verbringt.
Er: Ja, weil du allen Menschen Löcher in den Bauch fragst.
Sie: Ich interessiere mich eben für die Gedanken und Gefühle anderer Menschen.
Er: Mir wäre manchmal lieber, du hättest ein anderes Hobby.
Sie: Wenn das so ist, werde ich deine Gefühle in Zukunft ignorieren.
Er: Aber ich hatte doch gar keine Gefühle, jedenfalls keine bestimmten.
Sie: Wenigstens das gibst du zu. Wusste ich's doch, dass etwas mit dir nicht stimmt.

Was bitte ist denn mit meiner
Gesamterscheinung nicht in Ordnung?

Das soll Hipster?

Was ein Mann und eine Frau unter einem gelungenen Outfit verstehen, ist nicht immer dasselbe. Genau, wie eine Hochwasserhose nicht automatisch eine Hipsterhose sein muss. Manchmal ist sie auch einfach nur zu kurz.

Sie *(kommt gerade aus dem Badezimmer):* Können wir dann?
Er: Von mir aus kann's losgehen.
Sie: Das ist jetzt nicht dein Ernst, so willst du aus dem Haus?
Er: Klar, warum nicht?
Sie: Zum Beispiel sieht man deine knallgelben Socken.
Er: Ja, ich weiß. Ich habe bewusst etwas Auffälligeres für die Füße gewählt. Socken in Signalfarben liegen voll im Trend.
Sie: Aber die Frage ist doch, warum man sie auch sieht, wenn du stehst. Falls es dir noch nicht aufgefallen ist: Diese Hose ist zu kurz!
Er: Du hast keine Ahnung. Das trägt man jetzt so – ist Hipster-Style.
Sie: Nein, mein Lieber. Dazu ist diese Hose eindeutig zu alt. Wärst du ein Hipster, würdest du in einer Röhrenhose mit aufgekrempelten Beinen stecken, meinetwegen auch in einer 7/8-Hose von Michael Michalsky. Was du da trägst, ist aus Cord, und ausgebeult obendrein. Das ist nicht Hipster, sondern Hochwasser.

Er: Ha! Michalsky – dass ich nicht lache. Ist das nicht dieser Typ, der immer in zu engen Klamotten rumläuft?
Sie *(seufzt und rollt mit den Augen):* Ne, das ist Hedi Slimane. Der mit den figurbetonten Anzügen.
Er: Du meinst wohl eher Anzüge für Magersüchtige. Jeder einigermaßen normal proportionierte Mann sieht darin aus wie herausgewachsen. Aber wenn ich so was trage, behauptest du, ich sei zu dick dafür.
Sie: Falls du auf deinen dunkelblauen Konfirmations-Anzug ansprichst, den du zum 70. Geburtstag meiner Mutter getragen hast: Du sahst darin nicht nur aus wie herausgewachsen – du warst es auch.
Er: Diesen Anzug habe ich ausschließlich dir zuliebe getragen! Nach dem zweiten Stück Torte wäre ich beinahe zugrunde gegangen und habe den Rest des Abends stehend verbracht!
Sie: Jedenfalls war er zu eng.
Er: Aber bei diesem Slimane ist es okay, der kriegt sogar noch Geld dafür!
Sie: Na ja, ihm steht es halt. Der ist ja auch ein anderer Typ als du. Und außerdem schwul.
Er: Wenn ich dich richtig verstehe, darf ich also zu kurze Hosen und zu kleine Anzüge deshalb nicht tragen, weil ich kein homosexueller, fliegengewichtiger Designer bin. Wohingegen die Herren Slimansky sogar die Lizenz zum Tragen von Kniestrümpfen haben.
Sie: Es geht hier doch nicht um irgendwelche Designer, sondern um dich als Gesamterscheinung.
Er: Was bitte ist denn mit meiner Gesamterscheinung nicht in Ordnung?

Sie: Na, die Hose, in Kombination mit diesem schlammfarbenen Wasauchimmerdasseinmag-Pulli mit den durchgescheuerten Ellbogen …

Er: Entschuldige mal, das ist echte Schurwolle, der hat damals ’ne Stange Geld gekostet!

Sie: Du meinst damals, zu D-Mark-Zeiten?

Er: Es kommt doch nicht darauf an, wie alt ein Kleidungsstück ist – manche Dinge sind eben von zeitloser Schönheit.

Sie: Dieser Pulli ist nicht schön. Und war es auch nie.

Er: Ach ja? Und wenn ich jetzt Karl Lagerfeld wäre?

Sie: Dann wäre es vermutlich Retro. Und morgen Trend.

Er: Siehste? Dann stell dir einfach vor, ich sei Lagerfeld und würde in diesem Moment eine neue modische Bewegung erschaffen.

Sie: Dazu reicht meine Phantasie nicht annähernd.

Er: Schon gut, ich werde mich umziehen. Du bist offensichtlich noch nicht reif für die modische Offenbarung eines heterosexuellen, leicht übergewichtigen Mannes.

Wo ist deine Figur?

Haremshosen, Jumpsuits, Tiermützen: Paare haben oft recht unterschiedliche Blicke auf Mode – und immer hat der andere die Wahrnehmungsstörung.

Er sucht in der Diele nach seinen Schuhen. Sie kommt in einem schwarzen Einteiler aus dem Schlafzimmer, dreht sich einmal um sich selbst.

Sie: Schau, das hab ich mir heute gekauft. Wie findest du's?

Er: Hmmm ... sieht aus, als wäre es in der Mitte zusammengewachsen und hätte deine Figur verschluckt.

Sie: Sehr charmant. Danke für das Kompliment!

Er: Das ist meine Art auszudrücken, dass ich deine Figur liebe. Aber ich kann sie in dieser schlabberigen Stoffsammlung nirgends entdecken. Wo zum Beispiel ist dein anbetungswürdiger Po?

Sie *(zieht die weit geschnittenen Hosenbeine an der Hüfte fächerartig auseinander):* Wo soll er wohl sein – da drin!

Er: Und wo ist deine liebreizende Taille geblieben?

Sie *(deutet auf den Gummizug):* Na da!

Er: Ich sehe keine. Ich sehe nur eine Markierung, die mich erahnen lässt, wo deine Körpermitte ist.

Sie: Und genau so gehört das auch. Das, mein Lieber, ist ein Jumpsuit.

Er: Bist du sicher? Für mich ist das ein Strampelanzug.
Sie: Weil du keine Ahnung hast! Die Fallschirmspringer haben solche Einteiler als Erste getragen.
Er: Aha. Und hatten die auch so schöne Spaghettiträger dran?
Sie: Hatten sie nicht. Und ich werde damit auch nicht Fallschirmspringen. Sondern heute Abend ausgehen, und zwar mit dir. Also, wie findest du ihn?
Er: Sagen wir mal so: Ich will mich nicht streiten.
Sie: Was heißt das denn nun wieder? Komm schon, ich will deine ehrliche Meinung hören!
Er: Glaub mir, Liebes, das willst du nicht.
Sie: Warum versuchst du es nicht einfach – zum Beispiel mit Diplomatie?
Er: Na gut, meinetwegen. Ich finde ihn ... putzig, irgendwie.
Sie: Putzig?
Er: Puh ... also ich will damit sagen, dass ... ich könnte mir vorstellen, dass dieser Springanzug recht ... praktisch ist.
Sie: Praktisch.
Er: Sicher ist dieses Ding unheimlich bequem. Gerade abends auf der Couch. Oder wenn man noch schnell den Müll rausbringen muss.
Sie: Weißt du, was dein Problem ist? Dass du keinen Schimmer von Mode hast. Meine Freundinnen zum Beispiel finden das Teil alle cool.
Er: Das wundert mich nicht. Die tragen ja auch leidenschaftlich gern zeltartige Pullis, in denen sie für den Rest des Tages verschwinden.
Sie: Chauvinist!

Er: Mit Batikmustern, die aussehen wie das Satellitenbild aus der Wettervorhersage.
Sie: Spießer!
Er: Jetzt mal ehrlich: Wenn es um Mode geht, seid ihr völlig irrational. Ihr schwärmt von Plateauschuhen, die aussehen wie orthopädische Hufe. Und kauft euch dann zerknautschte, ausgelatschte Hüttenschuhe – Ugg-Boots, oder wie die heißen.
Sie: Ignorant!
Er: Oder diese Mützen mit den Tierohren. Warum tragt ihr Frauen so was nur?
Sie: Das verstehst du nicht.
Er: Na, dann zieh doch heute Abend einfach etwas an, das ich verstehe!
Sie: Bedaure, aber so etwas Sexistisches gibt mein Kleiderschrank nicht her.
Er: Na, dann wenigstens etwas, bei dem ich weiß, wo vorne und hinten ist?
Sie: Also bitte. Ich häng mir ’ne Kette um, dann wirst du wohl wissen, wo vorne und wo hinten ist. Der Jumpsuit bleibt jedenfalls dran.
Er: Ich verstehe wirklich nicht, warum du ausgerechnet heute darauf bestehst. Du solltest das Teil besser tragen, wenn du mit deinen Freundinnen ausgehst. Die wissen es sicher zu schätzen, wenn du sie in diesem putzigen Figurverschlucker begleitest.
Sie: Was willst du damit schon wieder andeuten?
Er: In dem Ding bringst du deine Freundinnen viel besser zur Geltung. Und wenn ich es mir genau überlege: Auch ich wäre dann beruhigt. Gerade, wenn es mal wieder später wird.

Sie: Also gut, du hast es so gewollt. Ich geh mich umziehen.
Er: Fein, lass dir ruhig Zeit.
Sie: Ich brauche nicht lang *(verschwindet im Schlafzimmer, wühlt in einer Schublade und kommt nach zehn Sekunden zurück)*. Ich dachte, zu meinem „putzigen“ Strampler passt die einfach perfekt!
Er: Nein! Nicht die Tiermütze!

Trink! –
Bist du verrückt? Das ist grün!

Ich bin doch keine Kuh!

Wenn der Urlaub zum Greifen nah ist, die Bikinifigur aber noch ganz weit, hilft nur eine Diät. Findet sie jedenfalls. Er hingegen empört sich über die grüne Farbe in seinem Glas.

Ein gedeckter Tisch. Er sitzt bereits, hält vergeblich Ausschau nach dem sonst üblichen Brotkorb. Auf dem Herd brutzelt etwas Fleischloses in der Pfanne. Sie füllt eine undefinierbare Flüssigkeit aus dem Mixer in zwei Gläser und stellt eines davon vor ihm ab.

Er: Was soll das denn sein?

Sie: Was Gesundes. Trink!

Er: Bist du verrückt? Das ist grün!

Sie: Das ist Weizengrassaft, der gehört so.

Er: Nie im Leben trinke ich so was, ich bin doch keine Kuh.

Sie *(leert ihr Glas in einem Zug):* Jetzt probier doch erst mal, bevor du wieder meckerst. Schmeckt gar nicht so übel.

Er: Wenn ich das trinke, fange ich sogar ganz sicher an zu meckern. Oder zu muhen.

Sie: Du hast es doch noch gar nicht versucht!

Er: Muss ich auch nicht. Was so aussieht, kann nicht schmecken.

Sie: Dafür ist es gesund.

Er: Ich bin gesund. Willst du unbedingt, dass ich Magenprobleme bekomme?

Sie: Wie kann man sich nur so anstellen! *(Packt sein Glas, trinkt, muss kurz absetzen und trinkt den Rest tapfer aus.)*
Aaah – lecker!
Er: Da wird einem ja schon vom Zuschauen schlecht.
Sie *(hält sich die Hand vor den Mund, muss aufstoßen):*
Dann iss wenigstens das hier – hab ich ganz frisch gemacht!
(Sie holt die Pfanne vom Herd und lässt auf jeden Teller zwei Gemüsetaler rutschen.)
Er: Da sind Zucchini drin. Du weißt, ich hasse Zucchini.
Sie: Aber Zucchini sind ideal für eine gesunde Ernährung. Außerdem hat ein Kilo nur 190 Kalorien!
Er: Glaubst du im Ernst, ich würde ein Kilo Zucchini essen? Da ess ich ja lieber gar nichts. Und spare mir die 190 Kalorien auf für eine Halbe Bier.
Sie: Oh Mann, du bist einfach ein hoffnungsloser Fall.
Er: Was soll das überhaupt, wozu plötzlich dieses ganze Kaninchenfutter?
Sie: Wegen der Bikinifigur. In drei Wochen fliegen wir in den Urlaub, bis dahin müssen ein paar Kilos runter.
Er: Seit wann trage ich Bikini? Und wie kommst du dazu, meine Ernährung umzustellen, ohne mich zu fragen?
Sie: Weil das gesund ist. Und schlank macht.
(Besorgt legt sie sich die Hand auf den Bauch, hält inne und lauscht dem vernehmlichen Gurgeln.)
Er: Glaubst du wirklich, dass dir dein Bikini besser passt, wenn du mich auf Gras und Grünzeug setzt?
Sie: Nein, aber vielleicht passt dir dann deine Badehose wieder.
Er: Na hör mal! Die passt mir sehr wohl.

Sie: Ja, morgens vielleicht. Vor dem Frühstück. Im Stehen.

Er: Na und? Dann kaufe ich mir eben eine neue.

Sie: Genau so beginnt es! Das ist der Anfang vom Ende: die Selbstaufgabe, das Sichgehenlassen.

Er: Ich finde, du übertreibst. *(Geht kurz raus, stellt sich seitlich vor den Spiegel. Kommt wieder rein.)* Na gut, ich kann ja die fette Wurst für ein paar Tage weglassen.

Sie *(heftet ihren Blick auf seine Plauze):* So so.

Er *(zieht entnervt den Teller mit den Zucchini-Talern zu sich her):* Also gut. Gib schon her. Oh Mann, um das runterzuspülen, brauche ich aber mindestens ein Bier!

Sie *(hält sich plötzlich die Hand vor den Mund, verlässt in gekrümmter Haltung die Küche und verschwindet ins Bad):* Ich ... äh ... komme gleich wieder!

Er *(schiebt den Teller wieder von sich):* Siehst du? Ich wusste es: Das grüne Schlabberzeug macht krank.

Sie *(kehrt nach zehn Minuten zurück und lässt sich, etwas blass um die Nase, auf den Stuhl sinken):* Ich glaub, jetzt brauch ich einen Magenbitter.

Er *(steht auf, holt zwei Schnapsgläser aus dem Schrank):* Gute Idee, ich genehmige mir auch einen. Wie wär's mit Kräuterschnaps – wegen der Vitamine?

Sie *(schaut ihn strafend an):* Haha. Sehr witzig. Oh Mann, so wird das nie was mit unserer Diät.

Er: Das geht schon in Ordnung, schließlich haben wir uns zwei Portionen Zucchinitaler gespart. Da können wir glatt noch einen trinken. Prost – auf deine Bikinifigur!

Brauchen wir das?

Gemeinsamer Besuch im Einrichtungshaus: ein Albtraum. Er konzentriert sich aufs Große, Ganze – sie will Dekokram.

Ein schwedisches Einrichtungshaus. Er schiebt einen dieser flachen Wagen für große Teile. Sie dreht noch mal um und holt einen herkömmlichen Drahtgitterwagen aus der Schlange.

Er: Wo bleibst du denn?

Sie *(kommt mit dem zweiten Einkaufswagen zurück):* Bin schon da.

Er: Wozu ist der denn jetzt?

Sie: Sicherheitshalber. Für die Kleinteile.

Er: Also, damit das klar ist: Wir sind hier, weil wir eine Couch und ein Bücherregal brauchen.

Sie: Klar, weiß ich doch. So, wo müssen wir jetzt hin?

Er: Zur Wohnzimmerabteilung. Hier durch, da gibt es eine Abkürzung.

Sie: Nicht doch, dann lassen wir ja die Küchen und Schlafzimmer aus!

Er: Ja, eben drum! Brauchen wir eh nicht.

Sie: Aber schauen könnten wir doch ein bisschen, was die so haben.

Er: Nur, damit ich das richtig verstehe: Sind wir zum Schauen hier oder zum Möbelholen?

Sie: Möbelholen, also echt – wie das schon klingt. Als würden wir irgendetwas ins Auto werfen und wieder abhauen.
Er: Ganz ehrlich? Mir wäre es so am liebsten.
Sie: Na toll, da habe ich ja jetzt schon keine Lust mehr.
Er: Was nun – wollen wir die Aktion durchziehen oder zum Rückzug blasen?
Sie: Sind wir hier auf dem Truppenübungsplatz? Ich hatte gehofft, wir lassen uns treiben und holen uns ein bisschen Inspiration ...
Er: Inspiration? In einem Einrichtungshaus? Wenn wir jetzt in einem Baumarkt wären, okay, da hat man sämtliche Möglichkeiten, sich was Eigenes zu erschaffen. Aber hier? Ist doch alles schon fertig!
Sie *(wird von einem Regal abgelenkt, in dem sich Handtücher in allen Regenbogenfarben türmen):* Oh, hast du gesehen? Die sind total reduziert, da bräuchten wir schon lange mal etwas Neues.
Er: Was wir brauchen ist: eine Couch und ein Regal.
Sie *(packt zwei große, zwei mittlere und zwei kleine Handtücher ein):* Ist Türkis okay für dich?
Er: Mir wurst. Können wir jetzt endlich weiter?
Sie *(dreht noch einmal um, tauscht die türkisfarbenen Handtücher gegen fliederfarbene aus):* Oder willst du vielleicht doch lieber ...
Er: Wenn du dich jetzt nicht gleich in Bewegung setzt, kette ich deinen Einkaufswagen an meinen.
Sie: Ist ja gut.
Er *(steuert auf eine Gruppe mit funktionalen Wandregalen zu und deutet auf ein Modell):* Endlich! Da drüben gibt es

Bücherregale. Willst du das helle oder das dunkle?
Sie *(bleibt vor einem schmalen Modell aus geweißtem Holz mit Glastüren stehen – irgendetwas zwischen Shabby und Landhausstil):* Das da wäre doch schön, für meine Vasen, Teelichter und so.
Er: Aber darin bringen wir doch niemals unsere Bücher unter! *(Zeigt erneut auf die Schrankwände)* So was brauchen wir! Also gut, wir nehmen das helle, einverstanden?
Sie: Moment, das geht mir zu schnell. Lass uns doch erst nach dem Sofa schauen, damit das auch zusammenpasst.
Er: Meinetwegen.
Sie laufen weiter in Richtung Sofaabteilung, kurz davor stoppt sie vor einem Wühltisch mit großen Kissen und Nackenrollen – bestickte, geblümte und gestreifte.
Sie *(packt zwei Stück in den Wagen):* Oh, die sind ja schön!
Er: Was soll das, wozu sind diese Kissen?
Sie: Für die Couch, dachte ich. Gefallen sie dir nicht?
Er: Couch? Welche Couch? Wir haben noch keine Couch! Und wenn wir jetzt nicht bald in die Gänge kommen, wird das in diesem Leben auch nichts mehr. Mit den Kissen kannst du dich ja später auseinandersetzen. Oder nächste Woche.
Sie: Aber ich will unbedingt diese Kissenbezüge, die sind super!
Er: Sollen wir die Couch jetzt vielleicht nach den Kissenbezügen auswählen?
Sie: Na ja, wenn wir dazu noch das weiße Regal nehmen ...
Er: Du meinst das Ding, in das keine Bücher passen? Du machst mich fertig. Ich gebe auf.
Sie stehen an der Kasse – ohne Couch und Bücherschrank,

dafür mit einem schmalen Landhausregal, Kissenbezügen, Handtüchern und diversen Accessoires, die sie auf dem Weg zur Kasse eingesammelt hat.

Er *(betrachtet fassungslos die unzähligen Kleinteile, die sie aufs Förderband stellt):* Eierbecher? Vasen? Was zum Teufel ...

(Er lässt den Wagen stehen und stapft zurück in den Laden.)

Sie *(ruft ihm hinterher):* Wo willst du hin?

Er: Küchenabteilung. Wohnzimmer. Schlafzimmer. Bad. Einfach alles. Ich brauche neue Möbel. Ich ziehe aus.

Sie: Oh, kommt man da nicht bei der Gartenwelt vorbei? Warte, ich komme mit!

Ich sterbe!

Ein kranker Mann braucht Mitgefühl, Zuwendung und Suppe. Leider fehlt vielen Frauen die Sensibilität, das zu erkennen. Oder die Bereitschaft, mitzuspielen.

Sie kommt ins Büro gehetzt, legt einen Ordner auf dem Schreibtisch ab und klemmt sich zwei Mappen unter den Arm. Gerade will sie weiter zum nächsten Termin, da bemerkt sie ein Vibrieren unter einem Papierstapel – ihr vergessenes, auf lautlos gestelltes Handy. Auf dem blinken 14 Anrufe in Abwesenheit. Genervt drückt sie auf Annahme.

Sie: Hallo?

Er *(mit Grabesstimme):* Kommst du bald nach Hause?

Sie: Hallo Schatz! Du, ich hab gleich eine Besprechung, kann ich dich später anrufen?

Er: Später ist es vielleicht zu spät.

Sie: Wie meinst du das? Wo bist du überhaupt, doch nicht etwa zu Hause?

Er: Ja, zum Glück. Ich habe es mit letzter Kraft auf die Couch geschafft.

Sie: Warum, was ist los mit dir?

Er *(krächzt):* Hörst du das nicht?

Sie: Oh. Dir geht es nicht so gut, stimmt's?

Er: Nicht so gut? Ich fühle mich hundeelend!

Sie: Verstehe.

Er: Willst du gar nicht wissen, warum?

Sie *(seufzt):* Aber sicher. Was hast du denn?

Er: Frag lieber, was ich nicht habe. Alles tut mir weh: der Hals, die Beine, der Kopf ...

Sie: Für mich klingt das nach einer gewöhnlichen Erkältung.

Er: Gewöhnlich? An dieser Erkältung ist nichts, aber auch gar nichts gewöhnlich! Das ist mindestens eine schwere Grippe. Wenn nicht sogar etwas Chronisches. Oder Seuchenartiges.

Sie: Bist du sicher?

Er: Sonst würde ich dich schließlich nicht in der Arbeit belästigen!

Sie: Natürlich nicht.

Er: Also, was ist: Kommst du bald? Kannst du das Meeting absagen?

Sie: Das ist leider unmöglich, die warten schon alle. Außerdem wollte ich mich heute Abend mit Anja treffen.

Er: Oh, nein! Mein Bauch fühlt sich ganz komisch an. Es könnte aber auch die Leber sein. Wer weiß, vielleicht habe ich ja Hepatitis!

Sie: Jetzt übertreibst du aber.

Er: Ich könnte hier zugrunde gehen und du würdest immer noch behaupten, es sei nichts. Aber geh du dich ruhig amüsieren.

Sie: Schon gut! Ich komme nach Hause, sobald es geht, ja? *(Und fügt in Gedanken hinzu: Jetzt, wo du mir so ein schlechtes Gewissen eingeredet und dermaßen die Laune vermiest hast.)*

Er *(röchelt):* Wenn du unbedingt willst. Wäre jetzt nicht nötig gewesen. Aber mach schnell, ja?

Sie legt auf und macht sich auf den Weg in die Besprechung. Unterwegs ruft sie ihre Freundin an. Als sie eine Stunde später nach Hause kommt, sieht sie ihn wie das personifizierte Leiden Christi auf der Couch liegen – die Medikamente und gebrauchten Taschentücher, die den Boden bedecken, wie zu einem modernen Kunstwerk arrangiert.

Sie: Mein Armer! Du siehst wirklich schrecklich aus. Brauchst du etwas?

Er: Ein wenig Suppe vielleicht. Ach was, lieber nicht. Ich bekomme ja doch nichts runter.

Sie: Hast du schon deine Temperatur gemessen? Bestimmt hast du Fieber. *(Sie legt ihm die Hand auf, die Stirn ist lauwarm.)* Auf jeden Fall solltest du dich ausruhen. Und schwitzen, viel schwitzen! Ich koche dir gleich einen Lindenblütentee.

Sie kommt mit einer Tasse dampfendem Tee, unterm Arm zwei Decken.

Er *(nippt an der Tasse):* Uuuh! Was ist das?

Sie: Salbei, Lindenblüten und Kamille – und damit du gleich noch damit gurgeln kannst, habe ich ein bisschen Salz dazugegeben. Das ist gut gegen Halsschmerzen – du hast doch sicher Halsschmerzen, oder?

Er: Ach, die sind schon fast wieder vorbei.

Sie: So eine schwere Grippe darf man nicht auf die leichte Schulter nehmen! Austrinken – und zwischendurch schön gurgeln! *(Er gehorcht mit zunehmend verzweifeltem Blick, während sie die Decken auf ihn legt und unter ihm feststopft.)* Jetzt koche ich dir erst einmal das Allheilmittel nach dem Rezept meiner Mutter. Das hat noch immer geholfen. Du weißt schon,

Sauerkrautsuppe mit Cayennepfeffer und Holunderbeeren – die wirkt Wunder!

Er: Kann ich nicht einfach eine Hühnersuppe haben?

Sie: In deinem Zustand? Auf keinen Fall! *(Sie nimmt das Telefon vom Tisch und tippt eine Nummer ein.)*

Er: Wen rufst du an, den Arzt?

Sie: Oh nein, besser als ich wird dich niemand versorgen! Ich versuche nur, deinen Freund Armin zu erreichen, um das Spiel am Samstag abzusagen. Mit ein bisschen Glück kriegen die deine Karte noch los.

Er: Aber bis dahin bin ich doch längst wieder gesund! Schau, mir geht es jetzt schon viel besser *(versucht ein schiefes Lächeln).*

Sie: Nichts da, ich kenne dich. Das sagst du nur, um mich zu beruhigen! Vielleicht sollten wir ja doch einen Arzt rufen.

Er: Aber wozu? Du wirst sehen, bis morgen bin ich wieder fit. Sag mal, wolltest du dich nicht mit Anja treffen?

Sie: Glaubst du im Ernst, ich würde dich hier ohne Aufsicht zurücklassen?

Er: Ach Quatsch, es geht schon. Ich muss jetzt nur schlafen. Vor allem schlafen. *(Legt sich zurück und lugt unter dem Augenlid hervor.)* Ich schlafe schon, siehst du?

Sie: Bist du dir da ganz sicher? Ich weiß nicht.

Er: Nicht das Spiel absagen. Bitte. Und keine Sauerkrautsuppe. Am liebsten wäre mir, du lässt mich in Ruhe und triffst dich mit Anja.

Sie *(legt das Telefon beiseite):* Also gut, wenn du meinst … Aber bei der kleinsten Kleinigkeit rufst du mich an, ja?

Er *(stellt sich schlafend):* Mmmmmh.

Sie *(verlässt die Wohnung und ruft im Hausgang ihre Freundin an):* Hi, ich bin's. Du hattest recht: Es hat geklappt. Bin in zehn Minuten da!

Der ist nur ein ganz kleines bisschen
größer als der alte, glaub mir!

Wenn du jetzt nicht bald aufhörst zu meckern, dann heiratet Papa den Fernseher.

Das große Schwarze

Er ist das Lieblingsspielzeug des Mannes zur WM: der Hightech-Fernseher mit allem Pipapo. Leider ist er ihr prinzipiell zu groß, zu schwarz – und überhaupt viel zu protzig.

Sie kommt nach Hause, der Sohn läuft ihr entgegen, ein Strahlen auf dem Gesicht: „Komm schnell, der Papa hat einen neuen Fernseher gekauft! Der ist Wahnsinn!" Er sitzt im Wohnzimmer auf dem Boden, bewaffnet mit einer schwarz glänzenden Fernbedienung und einer fingerdicken Gebrauchsanleitung.

Sie *(zeigt auf die Stelle, an der sich bis vor Kurzem das alte Fernsehgerät befand und nun ein funkelnagelneues steht):* Was ist das, ich meine: Was soll das?

Er: Toll, oder? Kam heute per Expresslieferung. Und, wie findest du ihn?

Sie: Sehr groß.

Er: Der ist nur ein ganz kleines bisschen größer als der alte, glaub mir!

Sie: Und sehr schwarz.

Er: Kein Problem! Wenn wir ihn einschalten, ist das Schwarze bunt. Warte, bis du ihn in Aktion siehst! *(Schaltet das Gerät an, zappt durch die Programme, hält an bei einem Fußballspiel.)* Na, merkst du den Unterschied, wie scharf das Bild jetzt ist?

Sie: Ja, beinahe künstlich. Das Spielfeld wirkt wie ein Tip-Kick-Rasen. *(Sie nimmt die Fernbedienung und zappt durch Nachrichten, Kochshow, SpongeBob, landet schließlich bei einem Sandalenfilm, in dem Männer mit vor Schweiß glänzendem nacktem Oberkörper durchs Bild galoppieren.)*
Er: Hui, schau mal, das ist doch was für dich!
Sie *(schluckt kurz, fängt sich aber schnell wieder):* Pff! Die wirken doch wie Statisten, an denen man eine Kulisse vorbeischiebt.
Er: Das ist nur am Anfang so. Du gewöhnst dich ganz schnell daran.
Sie: Ich will mich aber nicht daran gewöhnen. Ich will unseren alten, kleinen, silbergrauen Fernseher.
Er: Bist du von Sinnen? Weißt du, was der alles kann? Das ist ein 3D-LED-Backlight-Gerät mit Full HD, 800Hz XRM, DVB-T/C/S, Smart-TV, Triluminos Display, außerdem hat er dieses X-Reality Pro und One-Touch Mirroring mit NFC, das alle Inhalte von unseren Smartphones mit einem Touch auf dem Fernseher anzeigt. Wir können parallel im Internet surfen!
Sie: Da bin ich aber beeindruckt, wer braucht so was? Kann er auch kochen? Oder wenigstens Bier kühlen – und die Steuererklärung machen?
Er: Du bist so ein Spielverderber.
Sie: Ich dachte, wir wären uns einig: Ein Fernseher ist ein Nutzgerät, auf dem man sich Nachrichten oder mal einen Film ansieht, mehr nicht. Du warst doch auch immer der Meinung, dass die dümmsten Leute die größten Fernseher haben – oder?

Er: Nein, meine Liebe. Das warst DU. Ich dagegen hätte immer gern jemanden zum Fußballgucken eingeladen, konnte aber nicht, weil man die Bildqualität keinem zumuten konnte!

Sie: Prima, dass du jetzt angeben kannst vor deinen Freunden. Dafür kann ich nun meine nicht mehr einladen!

Er: Pah! Diese pseudo-intellektuellen Schnösel. Wenn einer schon keinen Fußball mag. Die würden es natürlich nie zugeben, aber in Wirklichkeit hätten sie auch gerne so einen, wollen wir wetten? Aber bitte, wir können den Fernseher ja ins Arbeitszimmer stellen, wenn sie kommen.

Sie: Spar dir die Mühe, da kommt tagsüber eine Husse drüber, passend zu den Vorhängen.

Er: Nur über meine Leiche!

Sie: Warum hast du mich nicht wenigstens vorher gefragt?

Er: Jetzt kümmere ich mich mal um den Haushalt, dann ist es auch nicht recht.

Sie: Haushalt? Kümmern? Wenn du stattdessen die Arbeitsplatte in der Küche erneuert hättest. Oder das Fahrrad von unserem Sohn repariert. Oder meinetwegen den Krempel im Keller endlich zum Sperrmüll gebracht hättest. Das wäre mal was. Aber nein, du hast einen Fernseher bestellt!

Er: Ich dachte, du freust dich!

Sie: Du willst mir doch nicht erzählen, dass du mir damit eine Freude machen wolltest? Das Ding steht hier nur aus einem Grund: Weil demnächst die Fußball-WM beginnt. Du willst, dass ich mich freue? Dann bring die Kiste wieder zurück!

Er: Niemals! Ich hab bereits eine Rundmail geschrieben und alle eingeladen.

Sie: Ich wusste es. Hier geht es nur um eines: Wer hat den größten!

Er: Pah! Es gibt noch viel größere! Ich hab sowieso extra wegen dir nur den kleinsten von den größeren Modellen genommen.

Sie: Ach, und was hättest du sonst angeschleppt? Eine Kinoleinwand mit Dolby-Surround-Anlage und Eisverkäuferin?

Der Sohn *(kommt angelaufen, eine große schwarze Brille auf der Nase):* Schau mal, damit kannst du Star Wars in 3D gucken!

Sie: Toll. Wollen wir gleich ein Appartement anmieten für unseren neuen Mitbewohner – oder soll ich lieber gleich ausziehen?

Sohn: Wenn du jetzt nicht bald aufhörst zu meckern, dann heiratet Papa den Fernseher.

Sie: Soll er doch!

Sohn: Hast du gehört, Papa? Wir dürfen ihn behalten!

Also, so geht das nicht. Du hängst ja herum wie eine Gummiwurst!

Ich bin hier der Mann!

Kräftemessen im Wiegeschritt: Tango funktioniert nur, wenn er führt und sie folgt. Dies kann mitunter die bestehenden Machtverhältnisse in einer Beziehung ziemlich durcheinanderbringen.

Ein Tanzstudio. Mehrere Paare bewegen sich zu den Klängen eines argentinischen Tangos. Eines davon etwas weniger harmonisch als die anderen.

Er *(bleibt entnervt stehen und zischt ihr zu):* Hör auf zu schieben! Hast du nicht gehört, was der Tanzlehrer gesagt hat? Du sollst dich von mir führen lassen.

Sie: Würde ich ja. Aber du führst nicht.

Er: Von wegen. Du lässt dich nicht führen, das ist das Problem! Ständig fügst du eigenständig irgendwelche Schritte an.

Sie: Ich gebe nur Impulse in die richtige Richtung.

Er: Du sollst aber meinen Impulsen folgen. Du musst dich hingeben, dich fallenlassen! Dann funktioniert das auch.

Sie: Wie soll ich mich denn fallenlassen, wenn ich die meiste Zeit Angst habe, dass du mir auf den Zehen herumtrampelst?

Er: Also das stimmt nicht, ich bin dir noch nicht einmal auf die Zehen getreten!

Sie: Aber nur, weil ich dir immer einen Schritt voraus bin.

Er: Siehst du, jetzt gibst du selbst zu, dass du dich nicht führen lässt!

Sie: Bitteschön, dann führ eben. Ich mach jetzt nichts mehr. Dann wirst du's schon sehen.

Es kommt zu einer Kollision mit einem anderen Paar. Er entschuldigt sich, sie verdreht demonstrativ die Augen. Ihm steht der Schweiß auf der Stirn.

Er: Also, so geht das nicht. Du hängst ja herum wie eine Gummiwurst!

Sie: Das ist wieder typisch! Nur weil du nicht verstehst, wie Tango funktioniert, schiebst du die Schuld auf mich.

Er: Ich weiß sehr wohl, wie Tango funktioniert: Der Mann führt, die Frau folgt. Und jetzt hör endlich auf zu schieben. Ich bin hier der Mann!

Sie: So so.

Der Tanzlehrer, ein kleingewachsener, zierlicher Südamerikaner in schwarzem Hemd, schwarzer Weste und mit Einstecktuch, wird auf die beiden aufmerksam. „Gibt es Probleme?“

Er: Sie lässt sich nicht führen!

Sie: Er weiß nicht, wie's geht!

Der Tanzlehrer zieht sie kurzerhand an sich heran, blickt ihr mit hypnotischem Blick in die Augen und raunt: „Herr führt, Dame spürt.“ Und zu ihm gewandt: „Gucken Sie ganz genau.“

Er macht einen Schritt nach vorn, sie einen nach hinten. „Haben Sie gesehen? Ich drücke, sie weicht.“ Im nächsten Moment gleitet er mit ihr in perfekter Harmonie über die Tanzfläche. Sie, einer Feder gleich, folgt seinen Bewegungen, als hätte sie nie etwas anderes getan. Nach einer Runde übergibt er die Dame an ihren Gatten. „Ist ganz einfach, wenn die Frau folgt. Die folgt aber nur, wenn der Mann führt.“

Er *(sieht sie vorwurfsvoll an):* Ach, da schau her – plötzlich geht es.
Sie: Sag ich doch! Es lag nicht an mir.
Er *(macht einen Schritt nach vorn):* Das werden wir ja sehen.
Sie *(schreit auf und zieht ihren Fuß unter seinem hervor):* Autsch! Siehst du, du kannst es nicht. Das kommt davon, dass du unten losgehst, aber oben kein Zeichen gibst!
Er: Ha! Dass ich nicht lache. Du hast dich bei dem tanzenden Macho doch nur zusammengerissen.
Sie: Quatsch. Dir fehlt es an Entschlossenheit, das ist es.
Er: Ach ja? Soll ich mir vielleicht eine Rose zwischen die Zähne klemmen, so wie dieser Miniaturlackaffe, damit du mich ernst nimmst?
Sie: Mir reicht's. Ich geh aufs Klo.
Am Ende der Tanzstunde nimmt ihn der Tanzlehrer an der Garderobe beiseite, klopft ihm auf die Schulter und flüstert ihm zu: „Machen Sie sich nichts draus. Die Sache mit dem Führen und Folgen funktioniert bei mir wirklich mit jeder Frau. Nur nicht mit meiner eigenen."

> Lass mich einfach hier zurück. Du kannst mich ja auf dem Rückweg wieder einsammeln.

Und einatmen, und ausatmen!

Sport ist Mord? Wäre jedenfalls gut möglich, dass beim Pärchen-Jogging einer von beiden zum Mörder wird.

Er – fluoreszierendes Trikot, neonfarbene Ultraleicht-Joggingschuhe, Gewichtsmanschetten und Pulsuhr an den Handgelenken, einen Multifunktionsgurt mit Trinkfläschchen um die Hüfte – trabt locker vor ihr her, immer zwei Meter voran. Sie – graues Kapuzensweatshirt, Shorts, Joggingschuhe – versucht verbissen, aufzuholen. Doch der Abstand verringert sich nicht, denn jedes Mal, wenn sie näher kommt, erhöht er unmerklich das Tempo.
Er: Und, geht's?
Sie *(erste Schweißperlen auf der Stirn, verflucht sich bereits, dass er sie wieder zum Joggen überreden konnte):* Geht schon.
Er *(dreht den Kopf kurz zur Seite):* Du sagst Bescheid, wenn ich dir zu schnell bin, ja?
Sie *(würde ihn gern fragen, warum er immer ein Stück vor ihr läuft, will sich aber keine Blöße geben):* Jaja.
Er: Ich würde sagen, nach der übernächsten Brücke drehen wir um, dann haben wir die Hälfte. 40 Minuten dürften für den Anfang genügen.
Sie *(schwer atmend):* Können wir nicht jetzt schon umdrehen?
Er: Das wäre nicht gut, jetzt kommt die Fettverbrennung doch erst in Gang!

Sie *(würde ihn jetzt doch gern fragen, warum er immer ein Stück vor ihr läuft, doch dazu fehlt ihr inzwischen die Puste):* Ich will ... kein Fett ... verbrennen ... wollte ... mit dir ... joggen gehen.
Er: Also gut, ich mach dir einen Vorschlag: Wir laufen extra langsam, dafür bis zur übernächsten Brücke.
Sie *(hält sich die Seite):* Ich ... nicht.
Er *(lässt sich zurückfallen):* Du musst auf deine Atmung achten, das ist super wichtig! Schau, ich zeig's dir *(zieht demonstrativ die Luft ein und stößt sie mit spitzen Lippen wieder aus):* „Hfff ... sch-sch! Hff ... sch-sch!"
Sie *(würde ihm gern sagen: „Das war das letzte Mal, dass ich mit dir joggen gehe." Bringt aber nur heraus):* Ich dreh ... hier um ... du holst ... mich eh ... wieder ein.
Er *(tänzelt im Kreis um sie herum):* Komm, versuch's mal: Hff ... sch-sch!
Sie *(bleibt stehen, beugt sich vornüber und stemmt die Hände auf die Knie):* Lass mich einfach hier zurück. Du kannst mich ja auf dem Rückweg wieder einsammeln.
Er *(läuft, auf der Stelle tretend, dann wieder im Kreis um sie herum):* Nicht aufgeben jetzt, du schaffst das! *(Zeigt auf seinen Mund und atmet überdeutlich)* „Hfff ... sch-sch! Hff ... sch-sch!"
Sie *(japst):* Lass mich einfach.
Er: „Hfff ... sch-sch! Hff ... sch-sch!"
Sie *(brüllt):* Hau! Ab!
Er: Meinetwegen, lass deine Wut raus. Aggression erhöht die Leistung.
Sie *(mit irrem Blick):* Warte, du!
Er: Wie jetzt, doch Sprint?

Es kommt zu einer wirklich sehr kurzen Verfolgungsjagd, die aus konditionellen Gründen schnell beendet ist. Sie sucht etwas, das sie ihm an den Kopf werfen kann, zieht kurzerhand ihren Schuh aus und schmeißt ihn ihm hinterher. Schließlich geht sie erschöpft in die Knie und lässt sich ins Gras fallen. Er kommt zurück, ihren Schuh in der Hand, und lässt sich vorsichtig, in gebührendem Abstand, neben ihr nieder.

Er: Geht's wieder?

Sie: Eins sag ich dir: Das nächste Mal mach ich wieder Zumba. Und du kommst mit.

Wehe, du gießt Öl ins Nudelwasser!

Viele Köche verderben den Brei? Hin und wieder reichen dafür sogar zwei. Wenn Mann und Frau gemeinsam am Herd stehen, wissen es beide besser – am Ende schmeckt es oft trotzdem nicht.

Er steht am Herd, sie läuft in der Küche hin und her.
Sie *(setzt im Vorbeigehen den Deckel auf den Topf, in dem das Nudelwasser blubbert):* Oh, hier wird ja bereits fleißig geköchelt! Hast du schon Salz ins Wasser gegeben?
Er *(nimmt den Deckel eine Zehntelsekunde, bevor das Wasser überkocht, wieder weg):* Klar.
Sie: Und Öl, hast du auch Öl rein?
Er *(schneidet Tomaten klein, hackt Basilikum und Oregano):* Da gehört kein Öl rein.
Sie *(kommt zurück, setzt den Deckel wieder auf den Topf):* Aber sicher muss da Öl rein, das klebt doch sonst alles zusammen!
Er *(erhitzt Olivenöl in einer Pfanne für die Nudelsoße):* Könntest du bitte die Finger vom Deckel lassen? Das Nudelwasser ist ständig am Überkochen!
Sie: Das gehört aber so! Ist viel effizienter, wenn sich der Dampf staut. Du solltest besser die Herdplatte nicht so aufdrehen, dann kocht auch nichts über. Und, hast du jetzt schon Öl rein? Komm, gib mir mal die Flasche!

Er *(unterbricht das Schnippeln von Knoblauch und Zwiebeln):* Untersteh dich, unser kostbares, kaltgepresstes Olivenöl aus Umbrien in dieses Nudelwasser zu gießen! Öl in kochendes Wasser, also wirklich – was für ein Quatsch. Das Einzige, was das bewirkt, sind ein paar Fettaugen auf der Wasseroberfläche. Frag meine Mutter, die ist immerhin Italienerin.
Sie: Ich hab aber keine Lust auf Nudelpampe. Nur weil deine Mutter meint, das gehört so.
Er: Hab ich dir schon einmal klebrige Pampe mit Tomatensauce serviert? *(Seine vielsagende Kunstpause vergeht ohne Widerspruch.)* Also.
Sie *(nimmt das Brett mit dem Knoblauch und den Zwiebeln und kippt alles in die Pfanne):* Ich fang schon mal mit der Sauce an.
Er: Nicht jetzt schon den Knoblauch mit den Zwiebeln in die Pfanne, der wird doch trocken und bitter!
Sie: Ach was, das muss so.
Er *(fährt sich genervt durch die Haare):* Mir wäre lieber, du würdest den Tisch decken. Irgendwie macht es mich nervös, wenn du ständig dazwischenfunkst.
Sie: Also gut, wenn du meinst, dass du alleine klarkommst ...
Er *(schnüffelt):* Was riecht denn hier so verbrannt – oh nein, der Knoblauch!
Sie *(nutzt seine Ablenkung, um hinter seinem Rücken eine große Menge Olivenöl in den Nudeltopf zu gießen und den Deckel auf den Topf zu setzen):* Weiß auch nicht, das muss daran liegen, dass du zum Anbraten Olivenöl verwendet hast. Das soll man doch nicht, weil es nicht so heiß werden darf. Hat dir das deine Mama nicht gesagt?

Er *(schnappt sich die qualmende Pfanne und hält sie verzweifelt in die Höhe):* Das liegt nur daran, dass du mich ständig ablenkst und mich wahnsinnig machst mit deiner Besserwisserei!

Im nächsten Moment kocht das Nudelwasser über, es zischt und stinkt. Der Ofen ist benetzt mit angetrockneten Stärkeflecken, zwischen denen sich ölige Inseln befinden.

Er: So ein Mist, das gibt's doch nicht! Wie kommt der Deckel da drauf?

Sie *(begibt sich dezent zum Geschirrschrank):* Siehst du? Das kommt davon, dass du dir nicht helfen lassen willst. Ich für meinen Teil werde jetzt den Tisch decken und mich schön raushalten. Und du kannst sehen, wie du ohne mich klarkommst.

Da muss neue Farbe ran! – Verstehe. Und sicher hast du dir auch schon überlegt, wie die da hinkommt.

Man müsste mal wieder

Der Mann im Haus erspart den Handwerker? Von wegen. Manch einer drückt sich so lange vor Pinsel und Bohrmaschine, bis die Dame des Hauses selbst aktiv wird – oder eine angemessene Drohkulisse aufbaut.

Ein frühlingshafter Samstagmorgen. Die Sonne scheint ins Schlafzimmer. Sie blickt versonnen zur Decke, die Arme hinter dem Kopf verschränkt, und denkt an gar nichts – glaubt er jedenfalls. Er dreht sich zu ihr, krault ihren Bauch und versucht dabei möglichst beiläufig, den Radius zu erweitern. Sie lässt den Blick schweifen. Von der linken Ecke in die rechte.

Sie: Man müsste dringend das Schlafzimmer streichen.

(Wenn eine Frau im Zusammenhang mit unangenehmen Aufgaben die unbestimmte Bezeichnung „man" verwendet, meint sie damit niemals eine unbestimmte Person. Und vor allem nicht sich selbst. Sie meint damit immer nur einen: ihren Mann. Und genau aus diesem Grund reagieren Männer auf „man" stets gleich: erst einmal gar nicht.)

Er *(tut, als hätte er es nicht gehört und rückt näher):* Na, hast du gut geschlafen?

Sie: Findest du nicht auch, man müsste mal ...

Er: Aber ja, unbedingt!

Sie: ... das Schlafzimmer streichen.

Er *(seufzt, zieht seine Hand zurück und dreht sich auf den Rücken):* Keine Ahnung, wovon du sprichst. Ist doch alles prima.

Sie: Von wegen prima. Schau doch mal genauer hin, alles vergilbt und grau da oben.

Er: Haben wir nicht erst kürzlich gestrichen?

Sie: Das war die Küche. Und das ist zwei Jahre her. Hier haben wir noch nie gestrichen. Überhaupt, in der ganzen Wohnung müsste man viel mehr machen. Wenn ich nur an unser Wohnzimmer denke. Oder die Diele – das ist schließlich das Erste, was man sieht, wenn man zur Tür hereinkommt.

Er: Was denn noch alles? Warum nicht gleich umziehen? Kannst du es nicht einfach mal gut sein lassen? Permanent bestellst du irgendwelchen Kram, verschiebst Möbel und dekorierst um. Man hat das Gefühl, hier steht kein Stein länger als acht Wochen auf dem anderen. Ich verliere ja schon die Orientierung auf dem Weg vom Wohnzimmer ins Klo!

Sie: Ich bleibe dabei: Da muss neue Farbe ran!

Er: Verstehe. Und sicher hast du dir auch schon überlegt, wie die da hinkommt. Aber eines sage ich dir: ohne mich!

Sie: Wie jetzt, soll ich etwa das Schlafzimmer streichen? Womöglich alleine?

Er: Du bist schließlich diejenige, die es für nötig hält.

Sie: Aber du schläfst doch auch hier, oder nicht? Und wenn du in dich hineinhorchst, dann weißt du, dass ich recht habe: Hier gehört gestrichen!

Er: Findest du? Vielleicht liegt es ja am Licht.

Sie: Dass du dich überhaupt traust, das Thema anzusprechen!

Wir leben hier seit zwei Jahren – und haben noch immer keine Deckenbeleuchtung.
Er: Stimmt doch gar nicht, wir haben eine sündteure Designerlampe!
Sie: Du meinst jene Lampe, die seit drei Monaten unausgepackt vor unserem Bett steht und mir den Zutritt zu meiner Seite versperrt? Die Lampe, die sich noch immer in einem Karton befindet, und dafür sorgt, dass ich mich jeden Abend wie eine Schlangenfrau daran vorbeiwinden muss, wenn ich schlafen gehen will?
Er: Ich kam eben noch nicht dazu, sie aufzuhängen. Aber ich überlege mir etwas, versprochen. Gleich nach dem Frühstück werde ich den Karton schon mal hinüber auf meine Seite schieben. *(Hauptsache, das Problem ist damit erst einmal aus der Welt.)*
Sie: Auf die Seite schieben? Ist das die Art, wie du Aufgaben angehst? Ich sehe schon, ich muss das wieder mal in die Hand nehmen.
Er: Ha! Das will ich sehen.
Sie: Wirst du auch. Martin kommt sicher gerne in den nächsten Tagen vorbei, um die Lampe anzuschließen.
Er: Wie bitte? Du willst diesen Martin fragen, ob er die Lampe in unserem Schlafzimmer …? Das ist nicht dein Ernst, du nimmst mich auf den Arm!
Sie: Was soll ich denn tun? Wenn es dir lieber ist, kann ich auch Joachim Bescheid geben, er hat sich schon öfter angeboten.
Er: Na prima, willst du nicht gleich eine Annonce aufgeben? „Hilflose Ehefrau von unfähigem Mann sucht handwerkliche

Unterstützung im Schlafzimmer“?

Sie: Jetzt reg dich doch nicht gleich so auf, Martin macht das wirklich gern! Wir können das ja gleich mit einem kleinen Abendessen verbinden.

Er: Glaubst du im Ernst, ich werde anwesend sein, wenn du diesen selbstgefälligen Testosteron-Macho zum Essen einlädst und dir von ihm die Lampe anschließen lässt?

Sie: Na gut, dann geh eben so lange ins Kino ...

Er: Vergiss es. Die Lampe wird heute noch angeschlossen – und zwar von mir! Und diesem Martin richtest du aus, dass er seine Elektriker-Künste gefälligst woanders präsentieren soll, verstanden?

Sie: Wunderbar. Und wegen der Malerarbeiten – soll ich nicht doch lieber Joachim fragen?

Er: Unter gar keinen Umständen! Der Einzige, der hier den Pinsel schwingt, bin ich!

Sie: Prima, dann wäre das also geklärt.

Er: Aber die Lampe schließe ich erst an, nachdem hier gestrichen wurde.

Sie: Also morgen?

Er: Sagen wir: in zwei Wochen.

Schläfst du schon?

Er legt sich hin, schläft ein und rüsselt – sie wälzt sich im Bett hin und her. Wenn das Doppelbett zur Zumutung wird, hilft nur eins: Reden. Schon allein, um den Schnarcher wachzuhalten.

Sie: Schläfst du schon?

Er: Hmmmm ... was?

Sie: Ich kann nicht schlafen.

Knips

Sie: Ich seh genau, dass du wach bist. Deine Augenlider zittern.

Er: Spinnst du? Mach das Licht aus!

Knips

Sie: Gott, ist das stickig hier. Du hast das Schlafzimmerfenster wieder viel zu früh zugemacht. So kann ja kein Sauerstoff reinkommen.

Er: Dann mach es eben wieder auf. Oder geh ins Wohnzimmer und schau fern. Oder lies was. *(Soll heißen: Hauptsache, du lässt mich in Ruhe.)*

Sie: Ach nee, da werd ich nur noch wacher. Wir könnten uns ja ein bisschen unterhalten.

(Es gibt Menschen, die nachts aus unerfindlichen Gründen das Gefühl haben, ihnen stehe eine Art betreutes Einschlafen zu – meist handelt es sich dabei um weibliche Menschen.)

Er: Wenn es dich nicht stört, dass ich dabei schlafe …

Sie: Warum bist du eigentlich immer müde, wenn ich reden will?

Er: Weil du immer dann reden willst, wenn ich müde bin.

Sie: Aber wenn du wach bist, hast du keine Zeit. Oder keine Lust. Oder musst weg.

Er: Was soll das werden, eine Grundsatzdebatte?

Sie: Ich habe vor Kurzem gelesen, dass es gut für die Beziehung ist, sich im Bett zu unterhalten.

Er: Kann ich mir im Moment ehrlich gesagt nicht vorstellen. *(Soll heißen: Im Moment ist unsere Beziehung durch dieses Gespräch ernsthaft bedroht. Und im Moment wäre ich lieber Single.)*

Sie: Machen wir eigentlich viel zu selten. Findest du nicht?

Er: Könnten wir bitte morgen weiterreden? Ich verliere jeden Moment das Bewusstsein.

Sie: Siehst du, genau das meine ich. Du bist so ein Egoist.

Er: Im Ernst jetzt? Wer ist denn hier der Egoist und hält mich wach?

Sie: Allein wie du dich jedes Mal einfach so hinlegst und sofort einschläfst!

Er: Ich bin eben müde! Betten wurden für müde Menschen gemacht.

Sie: Dich kümmert es nicht einmal, ob ich vielleicht gerade wach liege und vor mich hin grüble.

Er: Sicher kümmert es mich. Ich kriege es nur nicht mit, wenn ich schlafe.

Sie: Aber ich kann nicht einschlafen. Schon wegen des Lärms, den du dabei veranstaltest.

Er: Ist es jetzt auch noch verboten, zu atmen?

Sie: Atmen nennst du das? Du schnarchst wie ein erkälteter Grizzly! Du könntest damit ja auch warten, bis ich eingeschlafen bin. Aber nein! Drehst dich um und schwupp – fängst an zu rüsseln.

Er: Ich würde wirklich sehr gerne warten, bis du eingeschlafen bist. Aber dazu müsstest du aufhören zu quasseln.

Sie: Du könntest mir ja den Rücken kraulen, das hält dich wach und beruhigt mich zugleich.

Er: Na gut. *(Soll heißen: Bitte. Schlaf. Endlich. Ein.)*

Sie: Hey, nicht aufhören. Hallo?

Er: Wwwas?

Sie: Du schnarchst.

Er: Wie soll das gehen, ich kraule!

Sie: Nein, du hast eine Sekunde gekrault und in der nächsten geschnarcht. Mmmmh, schön. Weiter rechts! Jetzt mehr links! Und, ja, da oben zwischen den Schulterblättern.

Knips

Sie: Was machst du da?

Er: Ich brauch Licht, sonst schlaf ich ein.

Sie: Spinnst du? Jetzt, wo ich endlich am Einschlafen war? Was machst du?

Er *(packt Decke und Kissen):* Mir reicht's. Ich zieh ins Wohnzimmer.

Sie: Warte, ich komme mit!

Wer, bitteschön, trinkt denn Bier, wenn er Durst hat? Dafür ist doch Wasser da!

Nimm doch das Steak

Von wegen, romantisches Dinner für zwei: Wenn Paare miteinander essen, kommen oft die unerfreulichsten Eigenschaften zum Vorschein.

Ein Restaurant, Kerzen und Blumen. Sie nehmen Platz. Der Kellner kommt an den Tisch.

Sie: Können wir bitte eine Flasche stilles Wasser haben?

Er: Für mich ein Bier. Und die Weinkarte bitte!

Sie: Wie jetzt, vor dem Wein noch ein Bier? Also, ich weiß nicht.

Er: Klar, gegen den Durst!

Sie: Wer, bitteschön, trinkt denn Bier, wenn er Durst hat? Dafür ist doch Wasser da!

Er: Wie lange kennst du mich jetzt? Ich hab dir das schon so oft erklärt: Gerade wenn man Durst hat, schmeckt Bier am besten.

Sie: Das heißt also, ich darf wieder mal fahren, oder?

Er: Ach, das wäre nett. Du machst dir ja sowieso nicht so viel aus Alkohol, oder? *(Eine bewährte und gerade bei Männern überaus beliebte Methode, auf solche Verallgemeinerungen zu reagieren: Nicht reagieren. Ignorieren.)*

Sie: Würde dir auch nicht schaden.

Der Kellner bringt Bier und Wasser und zückt den Block.

Er: Ich denke mal, du nimmst den Salat mit Pute, oder?

Sie: Äh, weiß ich jetzt noch nicht, wie kommst du denn darauf?

(An den Kellner gewandt:) Wir brauchen noch ein bisschen.
Kellner steckt Block und Stift weg, verschwindet wieder.
Er: Na, weil du immer Salat mit Pute nimmst. Wegen der Kalorien und der Gesundheit und so.
Sie: So ein Quatsch. Nur weil ich ab und zu mal was Leichtes esse. Vielleicht ist mir ja heute gar nicht nach Salat. Vielleicht esse ich zur Abwechslung was Deftiges.
Er: Wie meinst du das – „vielleicht". So etwas weiß man doch! Außerdem: Du, was Deftiges? Du bist jetzt aber nicht schwanger oder so was?
Sie: Sag mal, geht's noch? Ich kann doch auch einfach nur mal Lust auf Kohlehydrate haben, ohne dass gleich sonst was sein muss.
Der Kellner unternimmt erneut einen Annäherungsversuch, erfasst die Lage mit einem Blick und dreht abrupt ab.
Er: Entschuldige, aber kann es sein, dass du etwas gereizt bist? Hast du vielleicht deine Tage?
Sie: Wenn du nicht sofort aufhörst mit dem Quatsch, stehe ich auf und gehe.
Er: Ok, ok, ich bin schon still ... Also, ich an deiner Stelle würde ja den Nudelauflauf nehmen. *(Botschaft: Hauptsache, du entscheidest dich endlich!)*
Sie: Spinnst du? Da kann ich wieder die ganze Nacht nicht schlafen! Außerdem hatte ich heute Mittag schon Nudeln.
Er: Dann vielleicht die Roulade?
Sie: Kann ich vielleicht mal in Ruhe in die Karte schauen und mir selbst überlegen, worauf ich heute Lust habe? Warum kümmerst du dich nicht einfach um deine eigene Bestellung?

Wenn du so weitermachst, hab ich sowieso keinen Appetit mehr.

Der Kellner zieht betont unauffällig seine Kreise zwischen einigen Tischen in der Nähe und wartet auf seinen Einsatz.

Er: Schon gut, mach, was du willst. Ich nehme jedenfalls das Lamm.

Sie: Bist du sicher? Also, ich an deiner Stelle würde ja lieber das Filetsteak nehmen.

Er: Warum denn das jetzt?

Sie: Ich weiß nicht. Ich bin nicht so ein Fan von Lamm.

Er: Ja, und? Du sollst es ja auch nicht essen.

Sie: Aber wenn ich dann doch Lust auf Fleisch kriege?

Er: Dann bestell dir halt welches.

Der Kellner hat inzwischen aufgegeben und sich auf einem Stuhl neben der Küche niedergelassen.

Sie: Aber ich will ja gar kein Fleisch. Also jedenfalls kein ganzes. Nur ein bisschen. Ach, weißt du was? Ich nehme den Salat mit Pute.

Er: Siehst du? Sag ich doch.

Ach, ist unser Auto jetzt ein Hund, der Bewegung braucht, oder was?

Fahr doch selber!

Es ist Quatsch, dass Männer besser fahren als Frauen. In Wirklichkeit fährt nämlich immer der besser, der sich gerade auf dem Beifahrersitz befindet.

Er am Steuer, sie daneben. Die Stimmung ist angespannt.

Sie: Hier darf man 120. Du fährst *(beugt sich hinüber und schaut auf den Tacho)* gerade einmal 110.

Er: Na und? Ich bin ja nicht verpflichtet, die Maximalgeschwindigkeit einzuhalten, oder?

Sie: Aber gut wäre es schon. Ich würde gern heute noch ankommen.

Er: Dann müssen wir nächstes Mal eben früher losfahren. Wir wären bestimmt eine halbe Stunde früher losgekommen, wenn ich nicht wieder auf dich hätte warten müssen.

Sie: Ich habe nur eingepackt, was du wieder vergessen hast.

Er *(schaltet das Radio ein):* Das höre ich mir nicht länger an. *(Er geht auf Sendersuche, die Tachonadel sinkt auf 100.)*

Sie: Das ist jetzt der fünfte Laster, der uns überholt.

Er: Soll ich mich jetzt vielleicht auch noch dazwischenquetschen bei diesem Elefantenrennen? Ich komm ja nicht einmal auf die linke Spur.

Sie: Was für einen Gang hast du überhaupt drin – den dritten?

Er: Den fünften natürlich *(schaltet nach einem kurzen*

Seitenblick auf die Beifahrerin sicherheitshalber in den vierten und zurück in den fünften).

Sie: *(schaut erneut auf den Tacho)* Ein Wunder, dass er dir nicht abstirbt.

Er: Der fünfte funktioniert bis 60 km/h.

Sie: Gleich wirst du es mir beweisen, stimmt's?

Er *(drückt auf den CD-Auswurf):* Wo ist eigentlich die CD? Gestern war die doch noch da drin *(öffnet die Mittelkonsole und beginnt darin herumzuwühlen, die Tachonadel sinkt auf 90).*

Sie: Würdest du bitte damit aufhören und dich auf den Verkehr konzentrieren? Du wirst immer langsamer. Noch langsamer.

Er: Ich bin nicht langsam. Ich fahre der Situation angemessen.

Sie: Vielleicht bist du ja müde und möchtest abgelöst werden.

Er: Ich fühle mich super. Aber schlaf du doch ein bisschen, das würde mich entspannen *(wühlt wieder zwischen den CDs).*

Sie: Und mich würde es entspannen, wenn du aufhörst, herumzuwühlen. *(Sie beugt sich zu ihm rüber.)* Gerade mal 85! So kommen wir nie an.

Er: Und wenn du mich weiter so nervst und ich einen Unfall baue, erst recht nicht.

Sie: Jetzt überhol den Schnarcher doch endlich, das ist ja nicht auszuhalten!

Er: Weißt du was? Fahr einfach selber, das ist besser für deine Nerven. Und meine auch. *(Er fährt bei der nächsten Parkbucht rechts ran).*

Sie *(schnallt sich ab):* Wenn du meinst. Aber beklag dich nicht, dass ich dir zu schnell fahre.

Er *(schnallt sich ab):* Aber wenn es doch stimmt.

Sie *(schaut ihn mit schräg gelegtem Kopf an):* Dann kannst du gleich weiterfahren.
Er: Erst meckerst du an mir herum und willst selber fahren, dann verbietest du mir, an dir herumzumeckern und willst doch nicht mehr fahren. Was zum Teufel willst du eigentlich?
Sie: Ich will fahren. Einfach nur fahren.
(Die Plätze werden getauscht. Sie legt den Gang ein und fährt mit heulendem Motor los. Er beißt sich auf die Lippen.)
Er *(nach fünf Minuten):* Hier ist 120.
Sie: Die Straße ist frei, da kann ich den Motor mal so richtig ausfahren.
Er: Ach, ist unser Auto jetzt ein Hund, der Bewegung braucht, oder was?
Sie: Es heißt doch nicht umsonst Pferdestärken, oder?
Er *(stemmt sich demonstrativ mit einer Hand gegen das Armaturenbrett, mit der anderen gegen die Decke und steigt mit dem rechten Fuß auf eine imaginäre Bremse. Saugt dazu vernehmlich die Luft zwischen den Zähnen ein):* Hssssssssssssssssshhh!
Sie: Was denn, um Gottes willen?
Er: Der vor uns hat gebremst.
Sie: Sag mal, spinnst du? Das seh ich doch selbst! Das sind bestimmt noch 100 Meter.
Er: Ich bin halt erschrocken.
Sie: Ja, aber ich noch mehr! Weißt du, was da passieren kann?
Er (*sein Blick fällt auf die Bodenmatte der Fahrerseite):* Oh, da ist sie ja! *(Er beugt sich hinüber zu ihr, bückt sich hinunter und fingert zwischen ihren Beinen im Fußraum nach der CD.)*

Sie *(biegt sich zur Seite, um über ihm einen Blick auf die Straße zu erhaschen):* Das ist jetzt aber auch nicht gerade verkehrssicher, was du da machst.
Er: Moment, ich hab sie gleich! *(Er schnallt sich ab, kniet sich auf seinen Sitz, schiebt seinen Oberkörper kopfüber zwischen ihre Knie und angelt nach der CD.)*
Sie: Oh mein Gott!
Er: Was denn nun wieder?
Sie: Ich glaube, es hat gerade geblitzt.

Ich würde mich schon über Gänseblümchen freuen – aber lassen wir das.

Was guckst du da wieder für einen Käse?

Sie liebt diese Sendung, er findet sie schwachsinnig. Deshalb versucht er, ihr den Spaß zu vermiesen. Denn nicht nur in der Liebe, auch im Kampf um die Fernbedienung ist alles erlaubt.

Er kommt ins Wohnzimmer, sie sitzt, an den Nägeln knabbernd, mit angezogenen Beinen auf dem Sofa und starrt in den Fernseher.

Er: Was guckst du da wieder für einen Käse?

Sie: Das ist kein Käse. Das ist Unterhaltung.

Er: Und die Frau im roten Kleid, kann die was Besonderes? Ist das eine Adelige? Oder warum scharwenzeln die alle um sie herum?

Sie: Das ist die Bachelorette. Um die bewerben sich die Kandidaten. Und wer weiterkommt, kriegt eine Rose.

Er: Ich dachte immer, Rosen sind etwas für alternde Damen.

Sie: Irrtum, mein Lieber. Die Rose symbolisiert Liebe und Fruchtbarkeit. Und jede Frau mag Blumen. Ich würde mich schon über Gänseblümchen freuen – aber lassen wir das.

Er: Das ist ja die reinste Prinzenparade, fast wie bei Dornröschen. Und so etwas gefällt dir – wenn sich zehn gecastete Männer für eine Frau zum Horst machen?

Sie: Aber ja, dabei kann ich wunderbar abschalten.

Er: Seltsame Art von Entspannung. Bei mir verkrampft

sich eher alles, wenn ich das sehe. *(Er schnappt sich die Fernbedienung.)* Kommt denn nichts Interessantes?
Sie: Spinnst du, gib sofort die Fernbedienung her! Warum suchst du dir nicht was zum Spielen oder triffst dich mit einem Freund?
Er: Schon gut, ich lass dich ja in Ruhe mit deiner niveauvollen Unterhaltungsshow. *(Er bleibt im Türrahmen stehen.)* Pfff, also echt. Diese geklonten Muskelpakete im Anzug. Und dann die gebleachten Zähne!
Sie: Ich weiß, was du vorhast. Du versuchst, mir den Spaß an meiner Sendung zu verderben, damit ich aufgebe und Platz mache. Damit du die Fernbedienung an dich reißen und Fremden dabei zusehen kannst, wie sie an einem Pokertisch sitzen und mit regungsloser Miene Karten verschieben. Vergiss es, nicht mit mir!
Er: Aber das ist wahnsinnig spannend!
Sie: Schon klar. Genauso spannend wie diese kleinen dicklichen Männchen mit den tätowierten Unterarmen, die unermüdlich Pfeile an die Wand werfen.
Er: Du hast keine Ahnung. Phil Taylor ist eine Legende! Beim Dartspiel geht es um Konzentration und Taktik. Aber das hier *(deutet auf den Bildschirm, wo in dem Moment einer der Kandidaten vor der Frau auf die Knie fällt)* ist bestenfalls eine Lachnummer.
Sie: Ich lasse mich nicht provozieren. Die Knipse bleibt in meiner Hand.
Er: Und du bist sicher, dass die eine Freundin suchen? Die sehen mir eher so aus, als wären sie schwul. Oder auf der Suche nach

einem Job als Chippendale. Jetzt guck doch mal: die epilierte Brust und dieser getrimmte Vollbart!
Sie: Ich mag Bart.
Er: Wenn ich mich mal nicht rasiere, schimpfst du immer.
Sie: Ich spreche nicht von Gestrüpp. Ich meine einen richtigen, gepflegten Bart.
Er: Aber das sind doch Schluffis! Jetzt schau dir den mal an. Oder den! Solche Lackaffen!
Sie: Könntest du bitte mal die Klappe halten? Ich verstehe kein Wort.
Er: Die säuseln ohnehin nur Nonsens.
Sie: Ich lasse mich nicht von dir provozieren, vergiss es. Du kriegst die Fernbedienung nicht. Ich mag diese Sendung, ach was: Ich liebe sie.
Er: Das ist so peinlich! *(Er vergräbt sein Gesicht in den Händen, als der letzte verbliebene Kandidat die Rose der Bachelorette zwischen die Zähne nimmt.)* Kennst du denn gar keine Fremdscham?
Sie: Oh doch, und ob. Dazu muss ich dich nur beim Tanzen beobachten. So wie neulich auf dem Fest von Marion, als du wie ein brunftiger Affe zu „Like a Sexmachine" über die Tanzfläche gehoppelt bist.
Er: Das war gemein. Du weißt genau, dass ich damals eine Wette verloren hatte.
Sie: Vielleicht solltest du öfter „Let's dance" schauen – da kannst du wirklich etwas lernen.
Er *(macht Anstalten zu gehen):* Ok, das höre ich mir nicht länger an.

Sie *(starrt ungläubig in den Fernseher):* Was ist denn jetzt los?

Er: Ich gehe. Das ist los.

Sie: Nein, bitte nicht!

Er: Oh doch.

Sie *(beugt sich nach vorn und versucht zu verstehen, was die Beteiligten sagen):* Das darf nicht wahr sein!

Er: Ja, jetzt tut es dir leid. Aber du bist selber schuld.

Sie *(dreht sich zu ihm um und schreit):* Kannst du endlich mal die Klappe halten?

Er: Äh, wie jetzt?

Sie *(stützt genervt ihr Kinn in die Faust):* Oh Mann. Deinetwegen habe ich die Entscheidung verpasst!

Er: Na prima. Dann hätten wir ja gleich Dart ansehen können.

Weil ich bis zuletzt gehofft habe,
du würdest von selbst aus dem Bad kommen.
Immer wieder habe ich mir gesagt:
Gleich wird sie da rauskommen.

Dass du immer so hetzen musst!

Ein Mann vor einer Badezimmertür braucht in erster Linie viel Geduld. Doch so geduldig kann er gar nicht sein, dass die Dame dahinter sich nicht trotzdem gedrängelt fühlt.

Sie sind eingeladen. Abendessen bei Freunden, 19:30 Uhr. Er drückt sich vor dem Bad herum, wo sie sich seit geraumer Zeit aufhält. Drinnen hört man einen Föhn. Er klopft sachte an.

19:10 Uhr
Er: Liebste, alles klar da drin?
Der Föhn läuft.
Er: Lebst du noch?
Der Föhn läuft.
Er: Ähem! Schaaatz! Bist du dann so weit?
Sie *(föhnt).*
Er *(klopft gegen die Tür):* Haaallooo!
Sie *(schaltet den Haartrockner aus):*
Mein Gott, musst du mich so erschrecken, beinahe wäre mir der Föhn aus der Hand gefallen! Was gibt es denn?
Er: Ich wollte nur mal ganz dezent nachfragen: Brauchst du noch lange?
Sie *(giftet):* Ich hab's gleich.

19:20 Uhr

Er: Ich sage es nur ungern, aber wir müssten allmählich los ...

Sie: Jetzt drängelst du schon wieder!

Er: Ich drängele nicht. Du trödelst. Seit einer geschlagenen Stunde bist du jetzt da drin.

Sie: Ich brauche eben auch hin und wieder Zeit für mich.

Er: Du meinst: noch mehr Zeit? Dann solltest du nächstes Mal vielleicht schon mittags mit deinem Pflege-Ritual beginnen.

Sie: Siehst du, genau das meine ich. Du baust immer so einen Druck auf.

Er *(öffnet die Tür und streckt seinen Kopf hinein):* Das nennst du Druck? Seit einer geschlagenen Stunde lasse ich dich absolut in Ruhe. Habe ich auch nur einen Ton von mir gegeben? Nichts, nicht ein Wort habe ich gesagt, selbst als klar war, dass wir zu spät kommen würden. Statt Einlass in das okkupierte Bad zu begehren, habe ich mich in der Küche gewaschen – mit Spüli! Und das ist nun der Dank dafür.

19:40 Uhr

Sie *(wirft einen prüfenden Blick auf seine Haare):* Das ist wirklich rücksichtsvoll von dir. Aber was ist mit deinen Haaren? Die sind ja ganz staubig.

Er: Mein Kamm befindet sich ebenfalls im Bad, wie du weißt. Also habe ich die Kleiderbürste genommen.

Sie: Machst du Witze?

Er: Ja, da schaust du, was? So einen Mann musst du erst mal finden, so geduldig und genügsam. Seit einer halben Stunde sitze ich hier fix und fertig herum und beklage mich nicht. Und weißt du, warum?

Sie: Weil du Sportschau geguckt hast?
Er: Weil ich bis zuletzt gehofft habe, du würdest von selbst aus dem Bad kommen. Immer wieder habe ich mir gesagt: Gleich wird sie da rauskommen. Nicht mehr lange, dann ist sie fertig. Irgendwann muss sie ja fertig sein. Aber du wurdest nicht fertig. Und da dachte ich mir: Frage ich mal vorsichtig nach, wie es ihr da drin so geht. Und sogleich weht mir ein Sturm der Entrüstung entgegen.
Sie: Das war nur der Föhn, mein Schatz.

20:00 Uhr
Er: Inzwischen sind wir eine halbe Stunde zu spät.
Wäre wirklich schön, wenn wir dann endlich loskönnten.
Sie: Ich muss mir nur noch schnell etwas anziehen.
Er: Aber du hast doch was an.
Sie: Jetzt werd bitte nicht albern, ja? Du kannst ja inzwischen die Quarkspeise aus dem Kühlschrank holen.
Er *(geht zum Kühlschrank und wirft einen Blick rein):*
Da ist keine Quarkspeise.
Sie: Sag bloß, du hast keine gemacht!
Er: Hätte ich denn eine machen sollen? Ich wusste von nichts.
Sie: Weil du nie mitdenkst! Die hättest du wunderbar zubereiten können, während du hier herumgesessen bist.
Er: In der Zeit, die du im Bad verbracht hast, hätte ich, wenn nötig, ein ganzes Vier-Gänge-Menü gezaubert. Aber ich kann nun mal nicht riechen, dass wir zu einer Einladung die Nachspeise selbst mitbringen müssen!
Sie: Ich wusste es. Immer bleibt alles an mir hängen. Dann bringen wir eben Eis mit.

Er: Wunderbar. Könntest du dir dann bitte schnell was überziehen?
Sie: Ja, klar – wenn es nach dir ginge, könnte ich mir irgendeinen Fetzen überwerfen. Hauptsache, der Herr kommt endlich zu seinem Spaß.

20:15 Uhr
Er: Ich kann auch gerne vorausfahren. Dann hast du so viel Zeit, wie du willst.
Sie: Du baust schon wieder so eine Drohkulisse auf. Immer hetzt du mich! Nie kann ich mich einfach mal in Ruhe fertig machen.
Er: Okay, ich lege mich jetzt da hin und meditiere. Und wenn du so weit bist, sagst du Bescheid, in Ordnung?
Sie: Du glaubst doch nicht, dass ich jetzt noch mit dir da hingehe, in dieser schlechten Stimmung.
Er: Bitte, hör auf mit dem Quatsch, ja? Ich bin kein bisschen sauer, siehst du? *(Er grinst etwas schief.)*
Sie: Na gut, ich ziehe mir nur noch etwas an.

21:30 Uhr
Als er aufwacht, ist es stockdunkel. In der Wohnung ist kein Laut zu hören. Er läuft durch die Zimmer, ruft ihren Namen – niemand da. Er ruft sie auf dem Handy an.
Sie: Ja, ich bin eben angekommen, wo bist du? Ich sehe dich nirgends.
Er: Das glaube ich jetzt nicht.
Sie: Wie, was glaubst du nicht?
Er: Du hast mich zu Hause vergessen.

Sie: Aber nein, du wolltest doch vorausfahren.

Er: Hier auf der Couch liegenlassen hast du mich. Hast mich übersehen und bist ohne mich gegangen.

Sie: Siehst du? Das kommt davon, dass du mich immer so hetzt!

© DANIEL HOFER

Violetta Simon, *geboren 1967, lebt mit ihrer Familie in München. Studierte deutsche und italienische Literaturwissenschaften sowie Markt- und Werbepsychologie.*
Volontierte bei der Süddeutschen Zeitung; arbeitet seit 2000 als Redakteurin, Autorin und Kolumnistin in der Online-Redaktion der Süddeutschen, wo sie bereits mehrere Kolumnen veröffentlicht hat. Schreibt vor allem über Gesellschaftsthemen und Partnerschaft. Ihr erstes Buch „Hurra, wir lieben noch!“ ist bei Knaur erschienen.